税务干部业务能力升级学习丛书

综合管理习题集

本书编写组 ◎ 编

图书在版编目（CIP）数据

综合管理习题集 / 本书编写组编. -- 北京：中国税务出版社，2024.8. -- （税务干部业务能力升级学习丛书）. -- ISBN 978-7-5678-1538-4

Ⅰ. F812.423-44

中国国家版本馆CIP数据核字第2024KR7100号

版权所有·侵权必究

丛 书 名：	税务干部业务能力升级学习丛书
书　　名：	综合管理习题集
	ZONGHE GUANLI XITIJI
作　　者：	本书编写组　编
责任编辑：	赵泽蕙
责任校对：	姚浩晴
技术设计：	林立志
出版发行：	中国税务出版社
	北京市丰台区广安路9号国投财富广场1号楼11层
	邮政编码：100055
	网址：https://www.taxation.cn
	投稿：https://www.taxation.cn/qt/zztg
	发行中心电话：(010) 83362083/85/86
	传真：(010) 83362047/49
经　　销：	各地新华书店
印　　刷：	北京天宇星印刷厂
规　　格：	787毫米×1092毫米　1/16
印　　张：	14.5
字　　数：	290000字
版　　次：	2024年8月第1版　2024年8月第1次印刷
书　　号：	ISBN 978-7-5678-1538-4
定　　价：	42.00元

如有印装错误　本社负责调换

编 者 说 明

为落实打造效能税务要求，持续深化依法治税、以数治税、从严治税一体贯通，不断提升税务干部税费征管、便民服务、风险防范的能力和水平，我们结合税收工作实际，组织编写了"税务干部业务能力升级学习丛书"，分为《通用知识》《综合管理岗位知识与技能》《纳税服务岗位知识与技能》《征收管理岗位知识与技能》《税务稽查岗位知识与技能》《信息技术岗位知识与技能》及配套习题集。

《综合管理习题集》与"税务干部业务能力升级学习丛书"之《综合管理岗位知识与技能》相配套，紧扣综合管理岗位专业知识与当前税收工作新形势新任务新要求，题型丰富、重点突出；在题目设计上，按照《综合管理岗位知识与技能》所列知识体系和知识点编写，并适当拓展提升；书后附列3套模拟试卷，考查全面、难易适中，可以帮助税务干部学练结合，快速掌握相关岗位业务知识，提升业务能力。

由于时间及能力所限，书中疏漏在所难免，不妥之处恳请读者批评指正。具体修改意见和建议，请与编辑联系（邮箱：bjzx@taxation.cn，QQ：1050456451），以便修订时更正。

编 者

C ONTENTS 目 录

第一部分　章节同步练习

第一章　党建工作 … 3
　本章知识框架 … 3
　习题演练 … 5

第二章　政务管理 … 30
　本章知识框架 … 30
　习题演练 … 35

第三章　干部管理 … 62
　本章知识框架 … 62
　习题演练 … 65

第四章　监督管理 … 95
　本章知识框架 … 95
　习题演练 … 96

第五章　财务管理 … 123
　本章知识框架 … 123
　习题演练 … 126

第六章 政府采购、事务管理	156
本章知识框架	156
习题演练	157

第二部分　模拟测试

模拟测试（一）	187
模拟测试（一）·参考答案及解析	193
模拟测试（二）	200
模拟测试（二）·参考答案及解析	206
模拟测试（三）	212
模拟测试（三）·参考答案及解析	218

第一部分

章节同步练习

第一章 党建工作

>> **本章知识框架**

节	细目	知识点	学习进度
税务系统全面从严治党新格局	全面从严治党永远在路上	【知识点1】全面从严治党的内涵意义	
		【知识点2】新时代党的建设总要求	
		【知识点3】坚定不移全面从严治党，深入推进新时代党的建设新的伟大工程	
		【知识点4】党的领导是进一步全面深化改革、推进中国式现代化的根本保证	
	税务系统全面从严治党的责任体系	【知识点1】各级税务局党委的主体责任	
		【知识点2】党委书记需要履行的责任	
		【知识点3】党委委员责任	
		【知识点4】税务系统相关职能部门的工作职责	
		【知识点5】党委纪检组和机关纪委的协助监督责任	
	税务系统纵合横通强党建机制制度体系	【知识点1】加强新形势下税务系统党的建设的总体要求与基本原则	
		【知识点2】税务系统纵合横通强党建机制制度体系的具体内涵	
	税务总局党委关于党建工作的最新要求和工作部署	【知识点1】加强县级税务局政治机关建设	
		【知识点2】2024年全国税务系统全面从严治党工作会议精神	

续表

节	细目	知识点	学习进度
党员管理	发展党员工作	【知识点1】发展党员工作的总体要求	
		【知识点2】入党积极分子的确定和培养教育	
		【知识点3】发展对象的确定和考察	
		【知识点4】预备党员的接收	
		【知识点5】预备党员的教育、考察和转正	
	党员日常管理	【知识点1】党员教育管理	
		【知识点2】不合格党员的认定和处置	
	党籍管理和党员组织关系	【知识点1】党籍管理	
		【知识点2】党员组织关系	
党组织管理	党组织及其职责	【知识点1】党的中央组织	
		【知识点2】党的地方组织	
		【知识点3】党的基层组织	
		【知识点4】税务系统基层党组织的政治功能和组织功能	
	党内监督	【知识点1】党内监督的主要内容	
		【知识点2】党内监督的主要方式	
	党的组织生活	【知识点1】"三会一课"	
		【知识点2】主题党日	
		【知识点3】谈心谈话	
		【知识点4】组织生活会和民主评议党员	
	党费收缴、使用和管理	【知识点1】党费收缴	
		【知识点2】党费使用	
		【知识点3】党费管理	
群团工作	工会工作	【知识点】工会工作	
	青年工作	【知识点1】团组织的设立	
		【知识点2】团组织的工作职责	
		【知识点3】税务系统青年理论学习小组	
	妇女工作	【知识点1】妇女委员会的设置	
		【知识点2】妇女委员会、妇女工作委员会的主要职责	

续表

节	细目	知识点	学习进度
群团工作	妇女工作	【知识点3】妇女委员会、妇女工作委员会的主要任务	

>> 习题演练

一、单项选择题

1. 关于党员的党龄起算时间，下列说法正确的是（　　）。
   A. 递交入党志愿书
   B. 支部大会通过他为预备党员
   C. 预备期满转为正式党员
   D. 积极分子时期

【解析】根据《中国共产党章程》第七条规定，预备党员的预备期为1年，其党龄从预备期满转为正式党员之日算起。

【答案】C

2. 企业、农村、机关、学校、科研院所、街道社区、社会组织、人民解放军连队和其他基层单位，正式党员达到一定人数的，都应当成立党的基层组织，上述一定人数是指（　　）。
   A. 2人以上 　　　B. 3人以上
   C. 4人以上 　　　D. 5人以上

【解析】根据《中国共产党章程》第三十条规定，企业、农村、机关、学校、科研院所、街道社区、社会组织、人民解放军连队和其他基层单位，凡是有正式党员3人以上的，都应当成立党的基层组织。

【答案】B

3. 党组织讨论决定问题必须执行的原则是（　　）。
   A. 民主集中制原则
   B. 党员大会决定制度
   C. 少数服从多数
   D. 支委会表决制度

【解析】根据《中国共产党章程》第十七条规定，党组织讨论决定问题，必须执行少数服从多数的原则。

【答案】C

4. 党员如果没有正当理由，连续一定时间不参加党的组织生活，或不交纳党费，或不做党所分配的工作，就被认定是自行脱党。上述的连续一定时间是指（　　）。

  A. 3个月   B. 6个月
  C. 9个月   D. 1年

【解析】根据《中国共产党章程》第九条规定，党员如果没有正当理由，连续6个月不参加党的组织生活，或不交纳党费，或不做党所分配的工作，就被认为是自行脱党。支部大会应当决定把这样的党员除名，并报上级党组织批准。

【答案】B

5. 在党员教育工作中，要深入学习领会习近平新时代中国特色社会主义思想的核心要义、基本精神、实践要求，增强政治自觉、理论自信和（　　）。

  A. 情感融入   B. 情感认同
  C. 思想认同   D. 思想融通

【解析】根据《中国共产党党员教育管理工作条例》第六条规定，组织党员读原著、学原文、悟原理，深入学习领会习近平新时代中国特色社会主义思想的核心要义、基本精神、实践要求，掌握贯穿其中的马克思主义立场观点方法，增强政治自觉、理论自信、情感融入。

【答案】A

6. 党支部党员大会是党支部的议事决策机构，由全体党员参加，一般每季度召开的次数是（　　）。

  A. 1次   B. 2次
  C. 3次   D. 4次

【解析】根据《中国共产党支部工作条例（试行）》第十一条规定，党支部党员大会是党支部的议事决策机构，由全体党员参加，一般每季度召开1次。

【答案】A

7. 某税务分局人员调整，现有新任的分局长王某（党员），新招录公务员张某（入党积极分子）、刘某（党员发展对象）、陈某（预备党员），刚退休的老党员李某，以上5人中必须编入党组织，参加党的组织生活的是（　　）。

  A. 王某、陈某、李某
  B. 王某、张某、刘某、陈某
  C. 王某、刘某、陈某、李某
  D. 均应编入党组织

【解析】根据《中国共产党章程》第八条规定，每个党员，不论职务高低，都必须编入党的一个支部、小组或其他特定组织，参加党的组织生活，接受党内外群众的监督。入党积极分子和党员发展对象均非党员。

【答案】A

8. 某税务局小李是预备党员，2022年6月30日，其预备期已满，但是党组织认为需要继续考察和教育，准备延长其预备期，预备期延期最长不能超过（　　）。

    A. 2022年7月31日   B. 2022年9月30日

    C. 2022年12月31日   D. 2023年6月30日

【解析】根据《中国共产党章程》第七条规定，预备党员的预备期为1年。预备党员预备期满，党的支部应当及时讨论他能否转为正式党员。认真履行党员义务，具备党员条件的，应当按期转为正式党员；需要继续考察和教育的，可以延长预备期，但不能超过1年。

【答案】D

9. 下列任期符合要求的是（　　）。

    A. 百花社区党支部委员会每届任期3年

    B. 某县税务分局党支部委员会任期5年

    C. 某市税务局机关党委任期3年

    D. 王家村党支部委员会任期8年

【解析】根据《中国共产党支部工作条例（试行）》第二十一条规定，村、社区党支部委员会每届任期5年，其他基层单位党支部委员会一般每届任期3年。对需要延期或者提前换届的，延长或者提前期限一般不超过1年。根据《中国共产党章程》第三十一条规定，党的基层委员会、总支部委员会、支部委员会每届任期3~5年。

【答案】C

10. 预备党员预备期满后，党组织经过考察认为其不履行党员义务，不具备党员条件的，正确做法是（　　）。

    A. 留党察看

    B. 延长预备期

    C. 取消预备党员资格

    D. 给予警告

【解析】根据《中国共产党章程》第七条规定，预备党员预备期满，党的支部应当及时讨论他能否转为正式党员。不履行党员义务，不具备党员条件的，应当取消预备党员资格。

【答案】C

11. 党支部日常工作的领导机构是（　　）。

    A. 党支部委员会   B. 党支部党员大会

    C. 党委   D. 党组

【解析】根据《中国共产党支部工作条例（试行）》第十二条规定，党支部委员会是党支部日常工作的领导机构。

【答案】A

12. 关于工会经费，下列说法正确的是（　　）。
    A. 税务机关工会应当根据经费独立原则建立预算、决算和经费审查制度，坚持量入为出、厉行节约、收支平衡的原则
    B. 工会会员按规定标准按年缴纳会费
    C. 工会经费只能严格用于为职工服务
    D. 机关工会应当按照有关规定收缴、上解工会经费，将工会经费纳入党费管理专户管理

【解析】工会会员按规定标准按月缴纳会费。工会经费主要用于为职工服务和工会活动。机关工会应当按照有关规定收缴、上解工会经费，依法独立管理和使用工会经费。任何组织和个人不得截留、挪用、侵占工会经费。

【答案】A

13. 下列关于党员的义务与权利表述不正确的是（　　）。
    A. 从《中国共产党章程》规定看，义务先于权利
    B. 在党的会议上有根据地批评党的任何组织和任何党员
    C. 对党的决议和政策如有不同意见，可以声明保留
    D. 党组织讨论决定对党员的党纪处分时，本人有权参加，但不得进行申辩

【解析】党员义务先于党员权利。共产党员必须是先进优秀的模范，必须自觉履行先锋队员的义务，只有这样才能加入党组织，享有党员权利。所以选项A正确。根据《中国共产党章程》第四条规定，党员享有在党的会议上有根据地批评党的任何组织和任何党员的权利。享有对党的决议和政策如有不同意见，在坚决执行的前提下，可以声明保留，并且可以把自己的意见向党的上级组织直至中央提出的权利。故选项B、C正确。在党组织讨论决定对党员的党纪处分或作出鉴定时，本人有权参加和进行申辩。故选项D错误。

【答案】D

14. 党的纪律是多方面的，最重要、最根本、最关键的纪律是（　　）。
    A. 政治纪律　　　　B. 组织纪律
    C. 人事纪律　　　　D. 工作纪律

【解析】党的纪律主要包括政治纪律、组织纪律、廉洁纪律、群众纪律、工作纪律、生活纪律。必须严明政治纪律。政治纪律是党的纪律中最重要、最根本、最关键的纪律，遵守党的政治纪律是遵守党的全部纪律的重要基础。

【答案】A

15. 进行选举时，有选举权的到会人数不少于应到会人数的（　　），会议有效。
   A. 4/5   B. 1/2
   C. 2/3   D. 3/5

【解析】根据《中国共产党基层组织选举工作条例》第十九条规定，进行选举时，有选举权的到会人数不少于应到会人数的4/5，会议有效。

【答案】A

16. 党员每年参加教育培训的时间一般不少于（　　）学时。
   A. 32   B. 24
   C. 48   D. 50

【解析】根据《中国共产党党员教育管理工作条例》第二十条规定，市、县党委或者基层党委每年应当组织党员集中轮训，主要依托县级党校（行政学校）、基层党校等进行。根据事业发展和党的建设重点任务，结合本地区本部门本单位中心工作和党员实际，确定培训内容和方式。党员每年集中学习培训时间一般不少于32学时。

【答案】A

17. 税务总局要求，执行专项任务临时组建的工作组织，存续时间（　　），有3人以上正式党员的，原则上应当设立临时党组织。
   A. 半年以上
   B. 1周以上、6个月以内
   C. 15天
   D. 3个月

【解析】根据税务总局党委《关于印发进一步增强税务系统基层党组织政治功能和组织功能 更好发挥教育管理监督作用的若干措施》规定，执行专项任务临时组建的工作组织，存续时间一般在1周以上、6个月以内，有3人以上正式党员的，原则上应当设立临时党组织。

【答案】B

18. 关于团组织的设立，下列说法正确的是（　　）。
   A. 税务机关凡是有团员3人以上的，都应当建立团的基层组织。团的基层组织设置应从实际出发，与党组织和行政建制相对应
   B. 团支委员会由党委任命，每届任期2年或3年
   C. 团支部人数一般不超过50人
   D. 不具备成立团的基层组织条件的，不得成立相关青年组织

【解析】根据《中国共产主义青年团章程》规定，团的基层组织设置应从实际出发，可以不完全与党组织和行政建制对应。适应街道社区、非公有制经济组织、社会团体等单位和领域的特点，适应团员青年流动和分布聚集的特点，灵活设置团的组织，

故选项 A 错误。支部委员会、总支部委员会由团员大会选举产生，故选项 B 错误。此外，不具备成立团的基层组织条件的，为了发挥教育团员、管理团员、监督团员和组织青年、宣传青年、凝聚青年、服务青年的职责，可以在团的地方各级委员会的具体指导下，成立青年工作委员会或其他青年组织，故选项 D 错误。

【答案】C

19. 关于民主评议党员，下列说法不正确的是（   ）。
    A. 党支部每年开展 1 次民主评议党员
    B. 民主评议党员必须通过党支部会的方式
    C. 党员领导干部既要参加民主生活会，也要以普通党员身份参加民主评议党员
    D. 民主评议党员要组织党员对照合格党员标准、对照入党誓词，联系个人实际进行党性分析

【解析】根据《中国共产党支部工作条例（试行）》第十八条规定，党支部一般每年开展 1 次民主评议党员，组织党员对照合格党员标准、对照入党誓词，联系个人实际进行党性分析。民主评议包括党内互相评议与非党群众对党员的评议两个方面。党内评议一般应召开党小组会或党支部会。

【答案】B

20. 应当设立党支部委员会的党支部，至少需要正式党员的人数是（   ）。
    A. 5 人   B. 6 人
    C. 7 人   D. 8 人

【解析】根据《中国共产党支部工作条例（试行）》第二十条规定，有正式党员 7 人以上的党支部，应当设立党支部委员会。党支部委员会由 3~5 人组成，一般不超过 7 人。

【答案】C

21. 税务机关各部门、单位凡有 28 周岁以下共青团员（包括 28 岁以下保留团籍党员）（   ）人以上的，应当设立团的基层组织。
    A. 7   B. 10
    C. 3   D. 5

【解析】根据《中国共产主义青年团章程》第二十二条规定，企业、农村、机关、学校、科研院所、街道社区、社会团体、社会中介组织、人民解放军连队、人民武装警察部队中队和其他基层单位，凡是有团员 3 人以上的，都应当建立团的基层组织。

【答案】C

22. 建立工会组织的机关，按每月全部职工工资总额的（   ）向机关工会拨缴工会经费。

A. 10% B. 2%
C. 0.5% D. 1%

【解析】根据《中华人民共和国工会法》第四十三条规定，建立工会组织的用人单位按每月全部职工工资总额的2%向工会拨缴的经费。

【答案】B

23. 党支部党员大会议题提交表决前，应当经过充分讨论。表决必须有（　　）以上有表决权的党员到会方可进行。

　　A. 半数 B. 三分之一
　　C. 四分之三 D. 五分之四

【解析】根据《中国共产党支部工作条例（试行）》第十一条规定，党支部党员大会议题提交表决前，应当经过充分讨论。表决必须有半数以上有表决权的党员到会方可进行，赞成人数超过应到会有表决权的党员的半数为通过。

【答案】A

24. 党员具有下列哪种情形应给予除名处置（　　）。

　　A. 缺乏革命意志，不履行党员义务，不符合党员条件
　　B. 不按照规定参加党的组织生活
　　C. 党员有思想、工作、生活、作风和纪律方面苗头性倾向性问题
　　D. 信仰宗教，经党组织帮助教育仍没有转变的，劝其退党，劝而不退的

【解析】根据《中国共产党党员教育管理工作条例》第三十一条规定的六种情形。其他选项中，对缺乏革命意志，不履行党员义务，不符合党员条件，但本人能够正确认识错误、愿意接受教育管理并且决心改正的党员，党组织应当作出限期改正处置。对党员不按照规定参加党的组织生活，党组织应当采取适当方式及时进行批评教育，帮助其改进提高。发现党员有思想、工作、生活、作风和纪律方面苗头性倾向性问题的，党组织负责人应当及时进行提醒谈话。

【答案】D

25. 党员受到警告处分（　　）内不得在党内提升职务和向党外组织推荐担任高于其原任职务的党外职务。

　　A. 一年半 B. 一年
　　C. 半年 D. 两年

【解析】根据《中国共产党纪律处分条例》第十条规定，党员受到警告处分一年内、受到严重警告处分一年半内，不得在党内提升职务和向党外组织推荐担任高于其原任职务的党外职务。

【答案】B

26. 关于税务机关基层党组织纪检委员，以下说法不正确的是（　　）。

A. 纪检委员一般由部门副职党员干部担任
B. 多个部门（单位）组成的党支部纪检委员一般由部门主要负责人担任
C. 纪检委员发现党支部书记存在违规违纪违法行为的及时向机关纪委报告
D. 纪检委员要落实组织生活"纪检委员履责时间"要求，有计划、有针对性地开展警示教育

【解析】根据《关于印发进一步增强税务系统基层党组织政治功能和组织功能更好发挥教育管理监督作用的若干措施》规定，多个部门（单位）组成的党支部纪检委员一般由部门党员主要负责人担任。

【答案】B

27. 国家税务总局要求，各级党委要大兴调查研究之风，每年深入基层一线和矛盾突出、情况复杂的地方开展调查研究不少于（　　）日。

A. 30
B. 10
C. 15
D. 20

【解析】各级税务局党委班子成员要自觉强化党性锻炼和政治历练，不断提升政治能力，做到信念过硬、政治过硬、责任过硬、能力过硬、作风过硬。带头转变工作作风，力戒形式主义和官僚主义。大兴调查研究之风，每年深入基层一线和矛盾突出、情况复杂的地方开展调查研究不少于30日。

【答案】A

28. 关于各级税务局机关各部门抓好本部门全面从严治党工作，以下说法错误的是（　　）。

A. 将全面从严治党、党风廉政建设工作纳入本部门业务工作，做到同部署、同推进、同落实、同检查，重要事项及时向本级党委汇报
B. 加强部门权力监督制约，紧盯重点岗位和关键环节，健全完善内控机制，从源头上防范不廉洁问题发生
C. 在落实重点任务中注重发挥党员先锋模范作用，领导带干部、党员带群众，凝聚干事创业、改革攻坚合力
D. 做深做细思想政治工作，认真落实谈心谈话制度，部门领导每年要有针对性地与党员干部代表开展谈心谈话

【解析】根据《税务系统落实全面从严治党主体责任和监督责任实施办法（试行）》要求，税务机关部门领导每年至少与党员干部谈心谈话1次。

【答案】D

29. 推进税务系统党的政治建设，首要任务是（　　）。

A. 严肃党内政治生活
B. 坚持党的领导

C. 坚持"条主动、块为主"

D. 坚决做到"两个维护"

【解析】《中共国家税务总局委员会关于加强新形势下税务系统党的建设的意见》指出,把坚决维护习近平总书记党中央的核心、全党的核心地位,坚决维护党中央权威和集中统一领导作为税务系统党的政治建设首要任务。

【答案】D

30. 下列做法中,不符合国家税务总局党委工作规则要求的是（　　）。

    A. 国家税务总局党委委员应当认真落实基层联系点工作制度,每年深入基层的时间不少于1个月

    B. 国家税务总局党委书记履行抓党建"一岗双责"

    C. 凡属党委职责范围内的事项,应当按照少数服从多数原则,由党委委员集体讨论决定

    D. 国家税务总局党委会议原则上每周召开1次,遇有重要情况可以随时召开

【解析】选项B,国家税务总局党委书记履行抓党建第一责任人的职责,其他党委委员切实履行"一岗双责",抓好分管部门及联系单位的党建和全面从严治党工作,每年向本级党委汇报1次履行"一岗双责"情况。

【答案】B

31. 各级税务局党委"最大的政绩"是（　　）。

    A. 组织收入

    B. 抓好党建

    C. 抓好党风廉政建设

    D. 服务纳税人和缴费人

【解析】根据《中共国家税务总局委员会关于进一步加强税务系统党建工作 完善纵合横通强党建机制体系的意见》规定,各级税务局党委要牢固树立"把抓好党建作为最大的政绩"的意识。

【答案】B

32. 各级党委要认真学习贯彻习近平总书记关于税收工作的重要论述和重要指示批示精神,把学习最新讲话、最新文章、最新指示批示精神作为党委会议（　　）。

    A. 重要内容　　　　　　B. 第一内容

    C. 第一议题　　　　　　D. 重中之重

【解析】国家税务总局要求,各级党委要将学习习近平总书记最新讲话、最新文章、最新指示批示精神作为党委会议"第一议题"。

【答案】C

33. 坚持政治引领,是加强新形势下税务系统党的建设的基本原则之一,具体是指

（　　）。

  A. 建立"纵合横通强党建"机制

  B. 加强党对税收工作的全面领导，确保税收事业始终沿着正确的方向前进

  C. 加强税务系统党内政治生活

  D. 一切工作到支部

【解析】坚持政治引领，要加强党对税收工作的全面领导，确保税收事业始终沿着正确的方向前进。

【答案】B

34. 关于党建工作领导小组，以下说法错误的是（　　）。

  A. 由分管党建的党委委员任组长

  B. 系统党建、机关党委、纪检、巡视巡察、办公室、督察内审、人事、考核考评、宣传教育等部门为成员单位

  C. 党建工作领导小组要定期召开会议

  D. 党建工作领导小组不是一级机构

【解析】国家税务总局规定，党建工作领导小组应由党委书记任组长，相关党委委员任副组长，系统党建、机关党委、纪检、巡视巡察、办公室、督察内审、人事、考核考评、宣传教育等部门为成员单位。

【答案】A

35. 税务系统履行全面从严治党"第一责任人"职责的是（　　）。

  A. 党委书记　　　　　　B. 纪委书记

  C. 党支部书记　　　　　D. 纪检组组长

【解析】党委书记履行全面从严治党"第一责任人"职责，重点履行统筹推进、管好干部、严格把关、示范引领责任。

【答案】A

36. 各级税务机关党委委员应履行"一岗双责"，负责抓好分管部门、联系点税务局全面从严治党工作。以下不属于党委委员职责的是（　　）。

  A. 学习贯彻党中央、国务院和中央纪委国家监委关于全面从严治党、党风廉政建设部署和要求，结合职责分工研究具体贯彻落实措施，自觉把全面从严治党要求融入分管业务工作

  B. 贯彻落实本级党委全面从严治党工作部署，对照职责分工和责任清单，研究部署和推动落实分管部门、联系点税务局的全面从严治党工作，每年向党委报告1次履行"一岗双责"情况

  C. 加强对分管部门、联系点税务局全面从严治党、党风廉政建设工作的监督检查，重大事项及时向主要负责人报告

D. 带头学习和推动落实党中央、国务院和中央纪委国家监委关于全面从严治党的工作部署，结合上级党组织要求，研究具体贯彻落实措施，做到重要工作亲自部署、重大问题亲自过问、重点环节亲自协调、重要案件亲自督办

【解析】选项 D 属于党委书记的职责。

【答案】D

37. 根据税务系统"纵合横通强党建"机制制度体系要求，各级税务机关党委每年要向所在地党委及其有关工作部门汇报党建工作的次数是（   ）。

  A. 至少1次   B. 1~2次

  C. 至少4次   D. 至少2次

【解析】各级税务机关党委围绕"条主责、块双重，纵合力、横联通，齐心抓、党建兴"的要求，构建"纵合横通强党建"机制制度体系，每年至少向所在地党委及其有关工作部门汇报2次党建工作。

【答案】D

38. 党委书记要作严格党内组织生活的表率，以下说法错误的是（   ）。

  A. 组织召开领导班子民主生活会，带头开展批评和自我批评

  B. 对班子其他同志的缺点错误应当包容

  C. 参加指导下级党委民主生活会，自觉参加双重组织生活

  D. 每年至少为本单位或本系统的党员干部讲党课1次

【解析】党委书记的示范引领责任包括：严格党内组织生活，组织召开领导班子民主生活会，带头开展批评和自我批评，对班子其他同志的缺点错误应当敢于指出，帮助改进。参加指导下级党委民主生活会，自觉参加双重组织生活。每年至少为本单位或本系统的党员干部讲党课1次。每年至少对基层党建联系点全面从严治党工作进行1次调研和指导。

【答案】B

39. 党委书记履行全面从严治党"第一责任人"职责，重点履行统筹推进、（   ）、严格把关、示范引领责任。

  A. 监督指导   B. 开拓进取

  C. 管好干部   D. 防微杜渐

【解析】党委书记履行全面从严治党"第一责任人"职责，重点履行统筹推进、管好干部、严格把关、示范引领责任。

【答案】C

40. 税务机关纪检组协助党委推进全面从严治党，承担的责任包括监督检查、纪律审查和（   ）。

A. 管好干部　　　　　　B. 咬耳扯袖
C. 问责追究　　　　　　D. 防范预警

【解析】纪检组协助党委推进全面从严治党，承担监督检查、纪律审查、问责追究责任。

【答案】C

41. "六位一体"税务系统全面从严治党新格局是指政治建设一体深化、两个责任一体发力、综合监督一体集成、党建业务一体融合、约束激励一体抓实和（　　）。

A. 绩效考核一体运用
B. 组织体系一体贯通
C. 思想建设一体贯通
D. 作风建设一体提升

【解析】"六位一体"税务系统全面从严治党新格局是指要持续构建完善"政治建设一体深化、两个责任一体发力、综合监督一体集成、党建业务一体融合、约束激励一体抓实、组织体系一体贯通"。

【答案】B

42. 根据政治机关建设要求，县级税务局党委每年至少专题研究思想政治工作（　　）次。

A. 2　　　　　　　　　　B. 4
C. 1　　　　　　　　　　D. 12

【解析】《关于加强县级税务局政治机关建设的指导意见》指出，县级税务局党委每年至少专题研究1次思想政治工作、至少开展1次基层税务干部思想状况调查分析，做好重点领域、关键岗位人员的思想引导和心理疏导。

【答案】C

43. 党的二十届三中全会指出，（　　）是全面建设社会主义现代化国家的首要任务。

A. 构建高水平社会主义市场经济体制
B. 解放和发展社会生产力
C. 促进城乡共同繁荣发展
D. 高质量发展

【解析】参见中国共产党第二十届中央委员会第三次全体会议公报。

【答案】D

44. 党的二十届三中全会对进一步全面深化改革做出系统部署，到（　　）完成《中共中央关于进一步全面深化改革、推进中国式现代化的决定》提出的改革任务。

A. 二〇二五年　　　　　　B. 二〇二九年

C. 二〇三五年　　　　　　D. 二〇四九年

【解析】参见中国共产党第二十届中央委员会第三次全体会议公报。

【答案】B

二、多项选择题

1. 党支部每月相对固定1天开展主题党日，可以组织党员开展的活动有（　　）。
   A. 集中学习　　　　　　B. 过组织生活
   C. 进行民主议事　　　　D. 志愿服务

【解析】根据《中国共产党支部工作条例（试行）》第十六条规定，党支部每月相对固定1天开展主题党日，组织党员集中学习、过组织生活、进行民主议事和志愿服务等。

【答案】ABCD

2. 下列符合《中国共产党章程》规定的有（　　）。
   A. 凡是有正式党员3人以上的，都应当成立党的基层组织
   B. 党的基层委员会、总支部委员会、支部委员会每届任期3~5年
   C. 党员享有在党的会议上和党报党刊上，参加关于党的政策问题的讨论权利
   D. 党的地方各级委员会全体会议，每年至少召开2次

【解析】参见《中国共产党章程》相关规定。

【答案】ABCD

3. 党支部书记要认真落实谈心谈话制度，做到（　　）。
   A. 干部入职必谈
   B. 入党必谈、离职退休必谈
   C. 职务晋升和岗位调整必谈
   D. 受到处理处分必谈

【解析】党支部书记要做到"六必谈"，即：干部入职必谈、入党必谈、职务职级晋升或岗位调整必谈、离职退休必谈、受处理处分必谈、遇家庭重大变故或特殊困难必谈，党支部书记每年与每名干部谈心谈话不少于1次。

【答案】ABCD

4. 关于党员党籍，下列说法正确的有（　　）。
   A. 经党支部党员大会通过、基层党委审批接收的预备党员，自通过之日起，即取得党籍
   B. 对因私出国并在国外长期定居的党员，出国学习研究超过2年仍未返回的党员，一般予以停止党籍
   C. 对与党组织失去联系6个月以上、通过各种方式查找仍然没有取得联系的党员，予以停止党籍。停止党籍的决定由所在党支部或者上级党组织按照有关

规定作出。停止党籍 2 年后确实无法取得联系的，按照自行脱党予以除名

D. 对停止党籍的党员，不予恢复党籍

【解析】根据《中国共产党党员教育管理工作条例》规定，对因私出国并在国外长期定居的党员，出国学习研究超过 5 年仍未返回的党员，一般予以停止党籍。停止党籍的决定由保留其组织关系的党组织按照有关规定作出。对停止党籍的党员，符合条件的，可以按照规定程序恢复党籍。对劝其退党、劝而不退除名、自行脱党除名、退党除名、开除党籍的，原则上不能恢复党籍，符合条件的可以重新入党。故选项 B、D 不正确。

【答案】AC

5. 党员教育管理工作应坚持以党的政治建设为统领，突出（　　）。

A. 党性教育　　　　　B. 政治教育

C. 政治理论教育　　　D. 职业道德教育

【解析】根据《中国共产党党员教育管理工作条例》第四条规定，党员教育管理工作应坚持以党的政治建设为统领，突出党性教育和政治理论教育，引导党员遵守党章党规党纪，不忘初心、牢记使命。

【答案】AC

6. 党员教育管理工作应坚持（　　）相结合，采取集中轮训、党委（党组）理论学习中心组学习、理论宣讲、组织生活、在线学习培训等方式，形成习近平新时代中国特色社会主义思想学习教育长效机制，推动党员学深悟透、入脑入心。

A. 集中教育　　　　　B. 经常性教育

C. 组织培训　　　　　D. 个人自学

【解析】根据《中国共产党党员教育管理工作条例》第七条规定，坚持集中教育和经常性教育相结合，组织培训和个人自学相结合，采取集中轮训、党委（党组）理论学习中心组学习、理论宣讲、组织生活、在线学习培训等方式，形成习近平新时代中国特色社会主义思想学习教育长效机制，推动党员学深悟透、入脑入心。

【答案】ABCD

7. 以下具有审批预备党员权限的党组织有（　　）。

A. 市税务局机关党委
B. 县税务局机关党总支
C. 省税务局党委
D. 区税务局机关党委

【解析】根据《中国共产党发展党员工作细则》第二十三条规定，预备党员必须由党委（工委）审批。乡镇（街道）党委所属的基层党委，不能审批预备党员，但应当对支部大会通过接收的预备党员进行审议。党总支不能审批预备党员，但应当对支

第一章 党建工作

部大会通过接收的预备党员进行审议。除另有规定外，临时党组织不能接收、审批预备党员。党组不能审批预备党员。选项C是国家工作部门党委，是党组性质的党委，由上级党组织直接批准设立，不同于由选举产生的党的地方委员会和基层委员会。

【答案】AD

8. 正式党员不足3人的单位，成立联合党支部应当遵循的原则包括（　　）。
   A. 地域相邻　　　　　　B. 行业相近
   C. 规模适当　　　　　　D. 便于管理

【解析】根据《中国共产党支部工作条例（试行)》第五条规定，正式党员不足3人的单位，应当按照地域相邻、行业相近、规模适当、便于管理的原则，成立联合党支部。

【答案】ABCD

9. 关于入党介绍人，下列说法正确的有（　　）。
   A. 发展对象应当有两名正式党员作入党介绍人
   B. 入党介绍人由党组织结合实际情况指定
   C. 受留党察看处分的党员不能作入党介绍人
   D. 发展对象批准为预备党员后，入党介绍人要继续对其进行教育帮助

【解析】入党介绍人一般由培养联系人担任，也可由党组织指定，故选项B错误。

【答案】ACD

10. 党组织应当监督党员遵守党章党纪党规，特别是政治纪律和政治规矩情况，遵守宪法法律法规和道德规范情况，参加组织生活情况，履行党员义务、联系服务群众、发挥先锋模范作用情况等，可采取的方式包括（　　）。
    A. 严格组织生活　　　　B. 听取群众意见
    C. 检查党员工作　　　　D. 开展党员大会

【解析】根据《中国共产党党员教育管理工作条例》第二十七条规定，党组织应当通过严格组织生活、听取群众意见、检查党员工作，监督党员遵守党章党纪党规，特别是政治纪律和政治规矩情况，遵守宪法法律法规和道德规范情况，参加组织生活情况，履行党员义务、联系服务群众、发挥先锋模范作用情况等。

【答案】ABC

11. 《中共中央关于在全党深入开展学习贯彻习近平新时代中国特色社会主义思想主题教育的意见》指出，开展本次主题教育，总要求有（　　）。
    A. 学思想　　　　　　　B. 强党性
    C. 重实践　　　　　　　D. 建新功

【解析】开展学习贯彻习近平新时代中国特色社会主义思想主题教育，总要求是"学思想、强党性、重实践、建新功"，根本任务是坚持学思用贯通、知信行统一，把习近平新时代中国特色社会主义思想转化为坚定理想、锤炼党性和指导实践、推动工

作的强大力量。

【答案】ABCD

12. 关于党费，党支部应做好的工作包括（　　）。
    A. 党费收缴　　　　　　B. 党费使用
    C. 党费管理　　　　　　D. 党费返还

【解析】根据《中国共产党支部工作条例（试行）》第九条规定，党支部的基本任务中包括对党员进行教育、管理、监督和服务，做好党费收缴、使用和管理工作。

【答案】ABC

13. 申请加入中国共产党，须符合的条件有（　　）。
    A. 年满18岁的中国工人、农民、军人、知识分子和其他社会阶层的先进分子
    B. 承认党的纲领和章程
    C. 愿意参加党的一个组织并在其中积极工作、执行党的决议
    D. 愿意按期交纳党费

【解析】根据《中国共产党发展党员工作细则》第五条规定，年满18岁的中国工人、农民、军人、知识分子和其他社会阶层的先进分子，承认党的纲领和章程，愿意参加党的一个组织并在其中积极工作、执行党的决议和按期交纳党费的，可以申请加入中国共产党。

【答案】ABCD

14. 党支部应当及时将支部大会决议写入《中国共产党入党志愿书》，连同本人入党申请书、政治审查材料、培养教育考察材料等，一并报上级党委审批。支部大会决议主要包括（　　）。
    A. 发展对象的主要表现
    B. 应到会和实际到会有表决权的党员人数
    C. 表决结果
    D. 通过决议的日期和支部书记签名

【解析】根据《中国共产党发展党员工作细则》第二十二条规定，党支部应当及时将支部大会决议写入《中国共产党入党志愿书》，连同本人入党申请书、政治审查材料、培养教育考察材料等，一并报上级党委审批。支部大会决议主要包括：发展对象的主要表现；应到会和实际到会有表决权的党员人数；表决结果；通过决议的日期；支部书记签名。

【答案】ABCD

15. 关于批评和自我批评，以下说法正确的有（　　）。
    A. 坚持"团结—批评—团结"，按照"照镜子、正衣冠、洗洗澡、治治病"的要求，严肃认真提意见，决不能把自我批评变成自我表扬、把相互批评

变成相互吹捧

B. 党的领导机关和领导干部对各种不同意见都必须听取，鼓励下级反映真实情况

C. 党内工作会议的报告、讲话以及各类工作总结，上级机关和领导干部检查指导工作，只讲问题和不足，不讲成绩和经验

D. 批评必须出于公心，不主观武断，不发泄私愤

【解析】党内工作会议的报告、讲话以及各类工作总结，上级机关和领导干部检查指导工作，既要讲成绩和经验，又要讲问题和不足。选项 C 表述有误。

【答案】ABD

16. 党的组织应当根据党务与党员和群众的关联程度合理确定党务公开范围，以下说法正确的有（　　）。

 A. 领导经济社会发展、涉及人民群众生产生活的党务，向社会公开

 B. 涉及党的建设重大问题或者党员义务权利，需要全体党员普遍知悉和遵守执行的党务，在全党公开

 C. 各地区、各部门、各单位的党务，在本地区、本部门、本单位公开

 D. 涉及特定党的组织、党员和群众切身利益的党务，对特定党的组织、党员和群众公开

【解析】根据《中国共产党党务公开条例（试行）》第八条规定，党的组织应当根据党务与党员和群众的关联程度合理确定公开范围：①领导经济社会发展、涉及人民群众生产生活的党务，向社会公开；②涉及党的建设重大问题或者党员义务权利，需要全体党员普遍知悉和遵守执行的党务，在全党公开；③各地区、各部门、各单位的党务，在本地区、本部门、本单位公开；④涉及特定党的组织、党员和群众切身利益的党务，对特定党的组织、党员和群众公开。

【答案】ABCD

17. 党小组会一般每月召开 1 次，内容包括（　　）。

 A. 政治学习

 B. 谈心谈话

 C. 开展批评和自我批评

 D. 业务学习

【解析】根据《中国共产党支部工作条例（试行）》第十三条规定，党小组主要落实党支部工作要求，完成党支部安排的任务。党小组会一般每月召开 1 次，组织党员参加政治学习、谈心谈话、开展批评和自我批评等。

【答案】ABC

18. 根据《关于新形势下党内政治生活的若干准则》规定，党内选举必须体现选

举人意志，规范和完善选举制度规则。关于党内选举，以下说法正确的有（   ）。

  A. 预备党员没有表决权、选举权和被选举权
  B. 党的总支部委员会委员候选人的差额为应选人数的10%
  C. 党的基层组织设立的委员会的书记、副书记的产生，由上届委员会提出候选人，报上级党组织审查同意后，在委员会全体会议上进行选举
  D. 进行选举时，有选举权的到会人数超过应到会人数的4/5，会议有效

【解析】选项B，党的总支部委员会委员候选人的差额为应选人数的20%。

【答案】ACD

19. 关于税务系统青年理论学习小组，下列说法正确的有（   ）。
  A. 青年理论学习小组对象为各级税务机关40周岁以下青年党员干部
  B. 每名党委委员至少担任2个学习小组的辅导导师
  C. 各级税务局要开展青年理论学习小组优秀成果评选展示
  D. 各级税务局要组织评选青年理论学习标兵和示范小组

【解析】根据国家税务总局党的建设工作领导小组办公室《关于加强税务系统青年理论学习工作的通知》要求，40周岁以下青年干部无论是否是中共党员，均要参加青年理论学习小组。选项A表述有误。

【答案】BCD

20. 关于妇女工作，下列说法正确的有（   ）。
  A. 妇女委员会委员由妇女大会或妇女代表大会民主选举产生，每届任期5年
  B. 妇女工作委员会委员由妇女代表协商推举产生
  C. 税务机关妇女委员会、妇女工作委员会接受同级党组织和上级妇女组织的领导
  D. 妇女委员会、妇女工作委员会是妇女联合会在机关和事业单位的基层组织
  E. 单位女职工人数较多的，可以建立工会女职工委员会，在同级工会领导下开展工作

【解析】妇女委员会委员由妇女大会或妇女代表大会民主选举产生，每届任期3～5年。

【答案】BCDE

21. 在2024年全国税务系统全面从严治党工作会议上，国家税务总局党委书记、局长胡静林强调，要一体推进"三不腐"，持之以恒深化税务系统反腐败斗争。"三不腐"的具体内容是（   ）。
  A. 不敢腐　　　　　　　　B. 不能腐
  C. 不愿腐　　　　　　　　D. 不想腐

【解析】2019年1月，习近平总书记在十九届中央纪委三次全会上提出一体推进不

敢腐、不能腐、不想腐的明确要求。党的十九届四中全会将其作为坚持和完善党和国家监督体系重要内容，单列一条作出部署。

【答案】ABD

22. 《税务系统贯彻〈中共中央关于加强党的政治建设的意见〉的若干措施》指出，要严格落实民主集中制，建立健全议事决策规则、程序和目录清单，凡属"三重一大"事项，都必须按照规定提交党委会议讨论和决定。以下选项，属于"三重一大"事项的有（　　）。

　　A. 重大决策　　　　　　B. 重要文件制定
　　C. 重大项目安排　　　　D. 大额资金的使用

【解析】"三重一大"事项是指：重大决策、重要干部任免、重大项目安排、大额资金的使用。

【答案】ACD

23. 各级税务局党委要发挥本部门、本系统的领导核心作用，准确把握职责定位，充分发挥的作用有（　　）。

　　A. 把方向　　　　　　B. 管大局
　　C. 抓重点　　　　　　D. 保落实

【解析】《中共国家税务总局委员会关于加强新形势下税务系统党的建设的意见》提出，各级税务局党委要发挥本部门、本系统的领导核心作用，准确把握各级税务局党委的职责定位，充分发挥把方向、管大局、保落实的重要作用。

【答案】ABD

24. 国家税务总局提出的"纵合横通强党建"机制制度体系的内涵包括（　　）。

　　A. 条主责、块双重　　　B. 两结合、互为补
　　C. 纵合力、横联通　　　D. 齐心抓、党建兴

【解析】"纵合横通强党建"机制制度体系，即"条主责、块双重，纵合力、横联通，齐心抓、党建兴"。

【答案】ACD

25. 各级税务局党委承担本单位本系统党的建设、全面从严治党主体责任，重点履行政治领导、统筹落实、压力传导、组织保障责任。其中，属于政治领导责任的有（　　）。

　　A. 把加强党的政治建设摆在首位
　　B. 深入学习贯彻习近平新时代中国特色社会主义思想，特别是习近平总书记关于税收工作的重要论述和重要指示批示精神，认真研究贯彻落实具体举措，把"两个维护"体现到税收工作中
　　C. 严肃党内政治生活

D. 坚持全面从严治党工作与税收工作同部署、同落实、同检查、同考核

【解析】选项 D 属于统筹落实责任。

【答案】ABC

26. 根据《中共国家税务总局委员会工作规则》规定，下列属于党委会议内容的有（   ）。
   A. 传达学习党中央、国务院的各项方针政策、工作部署，以及上级税务局党委重要会议文件精神
   B. 研究加强机关和系统全面从严治党、党风廉政建设和反腐败工作
   C. 研究机关和系统意识形态工作、思想政治工作
   D. 审议税收政策，调整改革方案等重大问题

【解析】参见《中共国家税务总局委员会工作规则》。

【答案】ABCD

27. 关于税务系统各级党委监督职责的主要内容有（   ）。
   A. 领导本单位本系统党内监督工作，组织实施各项监督制度，抓好督促检查
   B. 加强对同级纪检组和所辖范围内纪检工作的领导，检查其监督执纪问责工作情况
   C. 对党委委员，党的工作部门和直接领导的党组织领导班子及其成员进行监督
   D. 对上级党委工作提出意见和建议，开展监督

【解析】略

【答案】ABCD

28. 关于税务系统党的建设工作领导小组，下列说法正确的有（   ）。
   A. 党的建设工作领导小组组长一般由分管党建的党委委员担任
   B. 税务系统党的建设工作领导小组会议每半年至少召开 1 次
   C. 党的建设工作领导小组研究部署职责范围内的全面从严治党重大事项重要工作
   D. 党的建设工作领导小组对领导小组成员单位拟决定的全面从严治党重要工作、拟印发的重要文件进行审核把关

【解析】选项 A，党的建设工作领导小组组长一般由党委书记担任。

【答案】BCD

29. 县级税务局党委书记和党委班子成员要做到"四个一"，下列选项正确的有（   ）。
   A. 每年至少参加 1 次挂点联系的分局（所）、分管的股室党支部主题党日
   B. 参加 1 次基层工会活动
   C. 讲 1 次专题党课

D. 组织1次党员干部座谈

【解析】《关于加强县级税务局政治机关建设的指导意见（试行）》指出，党委书记和党委班子成员要做到"四个一"：每年至少参加1次挂点联系的分局（所）、分管的股室党支部主题党日，参加1次组织生活会，讲1次专题党课，组织1次党员干部座谈，及时发现解决问题，总结推广经验。

【答案】ABD

30. 党的二十届三中全会审议通过的《中共中央关于进一步全面深化改革、推进中国式现代化的决定》提出，提高党对进一步全面深化改革、推进中国式现代化的领导水平，主要举措有（　　）。

A. 坚持党中央对进一步全面深化改革的集中统一领导
B. 深化党的建设制度改革
C. 深入推进党风廉政建设和反腐败斗争
D. 以钉钉子精神抓好改革落实

【解析】参见《中共中央关于进一步全面深化改革、推进中国式现代化的决定》。

【答案】ABCD

三、判断题

1. 党小组是党的基础组织，担负直接教育党员、管理党员、监督党员和组织群众、宣传群众、凝聚群众、服务群众的职责。（　　）

【解析】党支部是党的基础组织，担负直接教育党员、管理党员、监督党员和组织群众、宣传群众、凝聚群众、服务群众的职责。

【答案】错误

2. 民主集中制是民主基础上的集中和集中指导下的民主相结合。（　　）

【解析】民主集中制是民主基础上的集中和集中指导下的民主相结合。它既是党的根本组织原则，也是群众路线在党的生活中的运用。

【答案】正确

3. 预备党员具有表决权、选举权和被选举权。（　　）

【解析】预备党员没有表决权、选举权和被选举权。

【答案】错误

4. 中国共产党是中国工人阶级的先锋队，同时是中国人民和中华民族的先锋队。（　　）

【解析】根据《中国共产党章程》规定，中国共产党是中国工人阶级的先锋队，同时是中国人民和中华民族的先锋队。

【答案】正确

5. 留党察看最长不超过两年。党员在留党察看期间没有表决权、选举权和被选举权。（ ）

【解析】根据《中国共产党纪律处分条例》规定，留党察看最长不超过两年。党员在留党察看期间没有表决权、选举权和被选举权。

【答案】正确

6. 基层组织进行选举时，有选举权的到会人数超过应到会人数的五分之四，会议有效。因故未出席会议的党员或党员代表委托他人代为投票，必须采取书面委托的形式。（ ）

【解析】根据《中国共产党基层组织选举工作条例》规定，因故未出席会议的党员或党员代表不能委托他人代为投票。

【答案】错误

7. 设立机关党的基层委员会的部门，同时应设立机关党的纪律检查委员会。（ ）

【解析】设立机关党的基层委员会的部门，一般应当设立机关党的纪律检查委员会，不设机关党的纪律检查委员会的，应当设立纪律检查委员。

【答案】错误

8. 机关党员50人以上的，设立党的基层委员会。（ ）

【解析】根据《中国共产党党和国家机关基层组织工作条例》第六条规定，机关党员100人以上的，设立党的基层委员会。党员不足100人的，因工作需要，经上级党组织批准，也可以设立党的基层委员会。

【答案】错误

9. 机关党的基层委员会、总支部委员会、支部委员会书记、副书记通过选举产生，报上级党组织批准。书记必须由本部门党员负责人兼任。（ ）

【解析】根据《中国共产党党和国家机关基层组织工作条例》第九条规定，书记一般应当由本部门党员负责人兼任，也可以由同级党员干部专任。

【答案】错误

10. 支部大会讨论两个以上的发展对象入党时，可以逐个讨论和表决，也可以一起讨论和表决。（ ）

【解析】支部大会讨论两个以上的发展对象入党时，必须逐个讨论和表决。

【答案】错误

11. 机关各部门、单位凡40周岁以下青年人数在3人以上，必须成立团总支部委员会。（ ）

【解析】机关各部门、单位凡40周岁以下青年人数在3人以上，且不具备成立团的基层组织条件的，可以成立青年工作委员会。

【答案】错误

12. 各级税务局党委纪检组在本级党委和上级党委纪检组双重领导下开展工作。（ ）

【解析】根据《中国共产党章程》第四十五条规定，党的地方各级纪律检查委员会和基层纪律检查委员会在同级党的委员会和上级纪律检查委员会双重领导下进行工作。

【答案】正确

13. 贯彻落实习近平总书记关于税收工作的重要论述和重要指示批示精神是税务系统基层党组织的"第一要事"。（ ）

【解析】略

【答案】正确

14. 各级税务局党委书记每年至少到联系点调研指导1次。（ ）

【解析】参见《中共国家税务总局委员会关于印发〈进一步增强税务系统基层党组织政治功能和组织功能更好发挥教育管理监督作用的若干措施〉的通知》。

【答案】正确

15. 党委书记抓基层党建工作述职评议考核、领导班子和领导干部年度考核、业务考核原则上每年各进行1次。（ ）

【解析】《关于切实发挥党建引领作用　促进党建工作与税收业务深度融合的若干措施》指出，把党建工作作为衡量领导班子和领导干部工作实绩的重要方面，党委书记抓基层党建工作述职评议考核、领导班子和领导干部年度考核、业务考核一并开展，原则上每年只进行1次。

【答案】错误

四、简答题

1. 《中国共产党纪律处分条例》在3年内两次修订，再次释放出以铁的纪律管党治党的强烈信号。新修订的《中国共产党纪律处分条例》坚持的党的纪律处分工作原则是什么？

【答案】①坚持党要管党、全面从严治党；②党纪面前一律平等；③实事求是；④民主集中制；⑤惩前毖后、治病救人。

2. 某师范学院教师张某是中共党员。张某在公共媒体微博上多次公开发表反对党的改革开放政策的文章，编造政治谣言损坏党和国家形象，造成不良社会影响。张某受到党内严重警告处分，并被行政撤职。这样处理恰当吗？请结合《中国共产党纪律处分条例》加以论述。

【答案】处分是恰当的。根据《中国共产党纪律处分条例》第四十六条规定，通过网络、广播、电视、报刊、传单、书籍等，或者利用讲座、论坛、报告会、座谈会等方式，有下列行为之一，情节较轻的，给予警告或者严重警告处分；情节较重的，给予撤销党内职务或者留党察看处分；情节严重的，给予开除党籍处分：①公开发表违背四项基本原则，违背、歪曲党的改革开放决策，或者其他有严重政治问题的文章、演说、宣言、声明等的；②妄议党中央大政方针，破坏党的集中统一的；③丑化党和国家形象，或者诋毁、诬蔑党和国家领导人、英雄模范，或者歪曲党的历史、中华人民共和国历史、人民军队历史的。

五、案例题

税务干部小张于2021年12月向其所在局机关党委递交入党申请书。2022年5月，该局机关党委安排党委副书记王某与其谈话，了解其思想状况、入党动机、工作和学习情况。2022年6月，经王某推荐，局党委研究，小张被确认为入党积极分子。2023年1月，小张被所在支部列为发展对象，并参加了当地机关工委组织的党的基本知识培训班，通过考试获得了结业证书。同年4月，经政审、支部委员会集体讨论后，小张由所在支部大会接收为中共预备党员，并在5月5日经局党委审批通过。小张2023年3月通过了省政府办干部遴选，并在6月赴新岗位报到。

该局发展小张为预备党员的流程规范吗？请结合《中国共产党发展党员工作细则》加以论述。

【答案】该局发展小张为预备党员的流程存在诸多问题，主要如下：

（1）根据《中国共产党发展党员工作细则》第七条规定，党组织收到入党申请书后，应当在1个月内派人同入党申请人谈话，了解基本情况。

（2）根据《中国共产党发展党员工作细则》第八条规定，在入党申请人中确定入党积极分子，应当采取党员推荐、群团组织推优等方式产生人选，由支部委员会研究决定，而不是由党组研究。

（3）根据《中国共产党发展党员工作细则》第十三条规定，"对经过一年以上培养教育和考察、基本具备党员条件的入党积极分子……可列为发展对象"，而小张确认为入党积极分子到发展对象只有7个月，不符合发展时限要求。

（4）根据《中国共产党发展党员工作细则》第十九条规定，"发展对象未来三个月内将离开工作、学习单位的，一般不办理接收预备党员的手续"。小张3月已经通过政府办遴选招考，因此不宜由原单位接收为中共预备党员。

（5）根据《中国共产党发展党员工作细则》第二十三条规定，预备党员必须由党委（工委）审批，党组不能审批预备党员。

错题、要点整理页

第二章 政务管理

>> 本章知识框架

节	细目	知识点	学习进度
机关日常管理——公文处理	公文种类	【知识点1】税务机关常用公文种类	
		【知识点2】正确选用文种	
	公文格式	【知识点1】公文的组成	
		【知识点2】公文的密级	
		【知识点3】公文的紧急程度	
		【知识点4】发文字号	
		【知识点5】公文的标题	
		【知识点6】主送机关和抄送机关	
		【知识点7】公文的正文	
		【知识点8】公文的附件	
		【知识点9】署名和印章	
		【知识点10】成文日期	
		【知识点11】公文的附注	
		【知识点12】公文的页码	
		【知识点13】公文排版方式	
	行文规则	【知识点1】行文一般规则	
		【知识点2】上行文规则	
		【知识点3】下行文规则	
		【知识点4】平行文规则	

续表

节	细目	知识点	学习进度
机关日常管理——公文处理	公文办理	【知识点1】公文拟制	
		【知识点2】发文办理	
		【知识点3】收文办理	
	公文归档和管理	【知识点1】公文归档	
		【知识点2】公文管理	
机关日常管理——会议组织	会议分类	【知识点1】按会议范围分类	
		【知识点2】按会议内容分类	
		【知识点3】按会议形式分类	
	会议管理	【知识点1】会议筹备	
		【知识点2】会议控制	
		【知识点3】会议协调	
		【知识点4】会议精神落实	
		【知识点5】会议应急管理	
	会议座次安排	【知识点1】主席台的座次安排	
		【知识点2】签字仪式的座次安排	
		【知识点3】会谈式会议的座次安排	
机关日常管理——印信管理	印信概述	【知识点】印信的概念和范畴	
	印信的管理与使用	【知识点1】印信的制发	
		【知识点2】印信的保管	
		【知识点3】印信的使用范围	
		【知识点4】印信的使用审批	
		【知识点5】印信的使用要求	
	印信管理风险防范	【知识点】印信管理主要风险点防范	
机关日常管理——档案管理	档案的概述	【知识点1】档案的特征	
		【知识点2】档案的形式	
		【知识点3】税务档案的范畴	
		【知识点4】税务系统档案管理原则	
	档案的管理	【知识点1】文件材料的归档	
		【知识点2】归档文件的整理	

续表

节	细目	知识点	学习进度
机关日常管理——档案管理	档案的管理	【知识点3】文书档案的保管期限	
		【知识点4】档案的鉴定、销毁	
		【知识点5】档案管理的注意事项	
	档案的利用与开发	【知识点1】档案利用	
		【知识点2】档案开发	
		【知识点3】档案工作的法律责任	
机关日常管理——督查督办	督查督办概述	【知识点1】督查督办的概念	
		【知识点2】督查督办的管理机构	
		【知识点3】税务机关督查督办工作的主要内容	
	机关督办工作的基本流程	【知识点1】机关督办的程序	
		【知识点2】机关督办的开始环节	
		【知识点3】机关督办的中间环节	
		【知识点4】机关督办的事后环节	
	系统督查工作的常用方法	【知识点1】实地督查	
		【知识点2】案头督查	
		【知识点3】暗访督查	
		【知识点4】交叉督查	
		【知识点5】"二次督查"	
政务公开	政府信息公开概述	【知识点1】政府信息公开的概念	
		【知识点2】政府信息公开的主管部门	
		【知识点3】政府信息公开工作机构的具体职能	
		【知识点4】政府信息公开的原则	
		【知识点5】政府信息公开的特殊情况	
		【知识点6】政府信息的公开审查机制	
	信息公开流程	【知识点1】主动公开的内容	
		【知识点2】建立健全政府信息发布机制	
		【知识点3】政府信息主动公开的时限要求	
		【知识点4】依申请公开的概念	
		【知识点5】政府信息公开申请	

续表

节	细目	知识点	学习进度
政务公开	信息公开流程	【知识点6】行政机关收到政府信息公开申请的时间确定	
		【知识点7】依申请政府信息的答复要求	
		【知识点8】依申请政府信息的答复方式	
		【知识点9】行政机关依申请提供政府信息收费	
		【知识点10】针对申请情况进行完善和调整	
		【知识点11】税务系统政府信息公开	
宣传舆情——税收宣传	税收宣传基础知识	【知识点1】税收宣传的概念	
		【知识点2】加强税收宣传的重要性	
		【知识点3】税收宣传的主要内容	
		【知识点4】税收宣传的方式	
	新闻稿件采写	【知识点】税收新闻宣传写作注意事项	
	新闻发布会管理	【知识点1】税收新闻发布的概念及原则	
		【知识点2】税收新闻发布的组织管理	
		【知识点3】税收新闻发布的主要内容	
		【知识点4】税收新闻发布的主要方式	
		【知识点5】税收新闻发布的主要程序	
		【知识点6】税收新闻发布有关要求	
	新媒体运用	【知识点1】新媒体的概念	
		【知识点2】新媒体传播的特点	
		【知识点3】税务系统新媒体宣传的要求	
宣传舆情——涉税舆情管理	涉税舆情概述	【知识点1】涉税舆情管理的重大意义	
		【知识点2】涉税网络舆情的特点	
	涉税舆情分析研判	【知识点1】舆情监测的重要性	
		【知识点2】舆情监测的举措	
		【知识点3】网络舆情研判	
	涉税舆情引导与管理	【知识点】涉税舆情引导与管理的举措	

续表

节	细目	知识点	学习进度
政务信息	税收信息工作概述	【知识点1】税收信息的分类	
		【知识点2】税收信息的意义	
	税收信息管理流程	【知识点1】税收信息流程	
		【知识点2】信息收集	
		【知识点3】信息筛选	
		【知识点4】信息整理	
	税收信息写作技能	【知识点1】税收信息写作基本原则	
		【知识点2】税收信息选题技巧	
		【知识点3】税收信息修改方法	
保密管理	国家秘密范围和密级	【知识点1】国家秘密范围和密级	
		【知识点2】保密期限	
		【知识点3】国家秘密标志形式	
	税务机关保密工作机构与工作职责	【知识点1】工作机构	
		【知识点2】工作职责	
	保密工作管理	【知识点1】涉密人员管理	
		【知识点2】保密要害部门、部位管理	
		【知识点3】定密工作管理	
		【知识点4】国家秘密载体管理	
		【知识点5】信息设备和信息系统的保密管理	
		【知识点6】涉密会议活动的保密管理	
		【知识点7】对外交流合作的保密管理	
		【知识点8】泄密事件管理	
		【知识点9】税务工作秘密	
信访维稳	信访工作概述	【知识点1】信访的含义	
		【知识点2】信访工作体制机制	
		【知识点3】信访工作责任制	
	信访事项处理程序	【知识点1】信访渠道和信访秩序的畅通与维护	
		【知识点2】信访事项的受理	
		【知识点3】信访事项的办理	
		【知识点4】信访事项的督促检查	

续表

节	细目	知识点	学习进度
应急管理	应急管理概述	【知识点1】应急管理的概念	
		【知识点2】加强税务系统应急管理的意义	
	涉税突发事件及其应对原则	【知识点1】涉税突发事件定义及其分类分级	
		【知识点2】涉税突发事件应对工作原则	
	涉税突发事件的应对和处置	【知识点1】涉税突发事件的预防预警	
		【知识点2】涉税突发事件的先期处置	
		【知识点3】涉税突发事件的应急响应	
	处置结束与恢复重建	【知识点】涉税突发事件的后续管理	
为基层减负	为基层减负	【知识点1】减少发文	
		【知识点2】清理规范报送资料报表	
		【知识点3】规范精简会议	
		【知识点4】严控督查检查总量频次	
		【知识点5】精简优化绩效考核指标和流程	
		【知识点6】严禁变相向基层推卸责任	
		【知识点7】改进调查研究	
绩效管理	税务绩效管理	【知识点1】实施税务绩效管理的主要目标	
		【知识点2】实施税务绩效管理的基本原则	
		【知识点3】税务绩效管理的总体布局	
		【知识点4】税务绩效管理的主要流程	

>> 习题演练

一、单项选择题

1. 公文结构层次序数标注正确的是（　　）。

　　A. 一、（一）1.（1）

　　B. 一、（一）、1、（1）、

　　C. 一、（一）1、（1）

D. 一、(一)、1. (1).

【解析】公文中的结构层次序数,第一层为"一、",第二层为"(一)",第三层为"1.",第四层为"(1)"。

【答案】A

2. 引用公文应当（   ）。

　　A. 先引发文字号,后引标题

　　B. 先引标题,后引发文字号

　　C. 只引发文字号

　　D. 只引标题

【解析】引用公文应先引标题,后引发文字号,发文字号在公文的标题后用圆括号注明。

【答案】B

3. 税务机关机构设置变动适用的发文字号是（   ）。

　　A. ×税发〔公元年份〕×号

　　B. ×税函〔公元年份〕×号

　　C. ×税任〔公元年份〕×号

　　D. ×税办发〔公元年份〕×号

【解析】×税发〔公元年份〕×号适用于机构的设置、变动。

【答案】A

4. 为维护政令一致,凡下行公文（   ）。

　　A. 都要向上级机关请示

　　B. 都要和有关机关协商

　　C. 内容涉及其他机关职权范围,行文前应协商一致

　　D. 都应与有关部门联合发文

【解析】涉及其他部门职权范围内的事务,未协商一致的,不得向下行文;擅自行文的,上级税务机关应当责令其纠正或者撤销。

【答案】C

5. 由机关领导对拟发文稿批注核准发出的意见,并签署姓名及日期的活动,是发文处理中的（   ）。

　　A. 会商　　　　　　　　B. 审核

　　C. 注发　　　　　　　　D. 签发

【解析】公文应当经本机关负责人审批签发。签发人签发公文,应当签署意见、姓名和完整日期。

【答案】D

6. 批复是答复下级请示的文件，其性质属于（　　）。
   A. 被动发文　　　　　　B. 主动发文
   C. 对报告的批件　　　　D. 平行文

【解析】批复是被动发文，属于下行文。适用于答复下级机关请示事项。

【答案】A

7. 转发公文的标题一般为（　　）。
   A. 本机关名称＋关于转发＋被转发文件的标题＋被转发文件的发文字号＋的通知
   B. 本机关名称＋关于转发＋被转发文件的发文字号＋的通知
   C. 本机关名称＋关于转发＋被转发文件的标题＋的通知
   D. 本机关名称＋关于被转发文件的标题＋的通知

【解析】转发公文标题一般为：本机关名称＋关于转发＋被转发文件的标题＋的通知；多层转发的根据主要事由自拟标题，但标题中应含"转发"字样；不得以被转发文件的发文字号作为标题。

【答案】C

8. 为维护正常领导关系，具有隶属关系或业务指导关系的机关之间应主要采取的行文方式是（　　）。
   A. 逐级行文　　　　　　B. 多级行文
   C. 越级行文　　　　　　D. 直接行文

【解析】各级税务机关一般不得越级行文。

【答案】A

9. 下列文件中不属于公文文种的是（　　）。
   A. 纪要　　　　　　　　B. 通报
   C. 评论　　　　　　　　D. 议案

【解析】评论不是公文文种。

【答案】C

10. 联合行文时，作者应是（　　）。
    A. 同级机关
    B. 同一系统的机关
    C. 三个以上的机关
    D. 行政主管机关与业务指导机关

【解析】各级税务机关可以与同级党政各部门、下一级党委政府、相应的军队机关、同级人民团体和具有行政职能的事业单位联合行文。

【答案】A

11. 适用于发布、传达要求下级机关执行和有关单位周知或者执行的事项，批转、转发公文的文种是（　　）。

  A. 通报　　　　　　　　B. 通告

  C. 通知　　　　　　　　D. 公告

【解析】选项 A，通报适用于表彰先进，批评错误，传达重要精神和告知重要情况。选项 B，通告适用于在一定范围内公布应当遵守或者周知的事务性事项。选项 D，公告适用于向国内外宣布重要事项或者法定事项。

【答案】C

12. 公文的密级分为绝密、机密和秘密三个等级。其中不确定具体保密期限的，绝密的保密期限一般为（　　）。

  A. 永久　　　　　　　　B. 30 年

  C. 50 年　　　　　　　　D. 80 年

【解析】公文的密级分为绝密、机密和秘密三个等级。尽可能根据公文的内容规定为"长期"或确定保密的最佳期限，如"秘密★6 个月""机密★5 年""绝密★长期"。不确定具体保密期限的，保密期限一般为绝密 30 年，机密 20 年，秘密 10 年。

【答案】B

13. 下列发文字号正确的是（　　）。

  A. ×政发〔2013〕01 号

  B. ×政发〔2013〕第 1 号

  C. ×政发〔2013〕第 01 号

  D. ×政发〔2013〕1 号

【解析】由发文机关代字、年份、发文顺序号组成，编排在发文机关标志下空二行位置，居中排布。年份、发文顺序号用阿拉伯数字标注；年份应标全称，用六角括号"〔〕"标注；发文顺序号不加"第"字，不编虚位（即 1 不编为 01），在阿拉伯数字后加"号"字。

【答案】D

14. 办公室人员小王在对待发公文复核时发现文稿中有几处观点错误，应该（　　）。

  A. 自行修改后再印发

  B. 按程序复审

  C. 直接交打印室印刷

  D. 向领导报告追究相关人员责任

【解析】经复核需要对文稿进行实质性修改的，应当提请签发人复审并签名。

【答案】B

15. 保密标志形式正确的是（　　）。
   A. 6个月★秘密
   B. ★秘密6个月
   C. 秘密6个月★
   D. 秘密★6个月

【解析】国家秘密事项的密级一经确定，须在秘密载体上做出明显的标志。国家秘密的标识符为"★"，具体标志的形式为：从左至右：密级—标志—保密期限。比如："绝密★30年"，表示该件是绝密级，保密期限是30年。

【答案】D

16. 国家秘密的保密期限，除另有规定外，机密一般不超过（　　）年。
   A. 50
   B. 40
   C. 30
   D. 20

【解析】国家秘密的保密期限，除另有规定外，绝密级不超过30年，机密级不超过20年，秘密级不超过10年。

【答案】D

17. 核心涉密人员脱密期限为（　　）年。
   A. 1
   B. 3
   C. 5
   D. 7

【解析】涉密人员脱密期限为：一般涉密人员1年，重点涉密人员2年，核心涉密人员3年。

【答案】B

18. 下列关于税务机关档案管理的说法不正确的是（　　）。
   A. 各级税务机关要建立健全档案资源体系、档案利用体系和档案安全体系
   B. 分管领导要定期听取档案主管部门工作汇报，定期督促检查
   C. 为档案工作顺利开展提供人力、财力、物力等方面保障
   D. 独立依法监督指导本系统、机关和所属单位的档案工作

【解析】支持档案主管部门依法监督指导本系统、机关和所属单位的档案工作，推动档案工作发展同税收事业发展相协调。因此，选择选项D。

【答案】D

19. 印信保管实行保管人和办公室（厅）主任负责制。印信管理的直接责任人是（　　）。
   A. 办公室（厅）主任
   B. 印信保管人员
   C. 单位党委书记
   D. 单位行政首长

【解析】印信保管人员是印信管理的直接责任人，要求具有高度的政治责任感、严

格的保密观念，政治可靠、作风正派、严守制度、不徇私情。

【答案】B

20. 局领导专题会议的议题由（　　）确定，会议组织工作由会议主题涉及的主办单位负责。

　　A. 局长

　　B. 办公厅（室）负责

　　C. 分管局领导

　　D. 局党委

【解析】局领导专题会议的议题由分管局领导确定，会议组织工作由会议主题涉及的主办单位负责。

【答案】C

21. 下列关于尊位表述正确的是（　　）。

　　A. 客方尊位比主方尊位更重要一些

　　B. 大多数情况下，一场公务活动的尊位只有一对主客尊位

　　C. 我国传统的做法是"以右为尊"，而国际通行的做法是"以左为贵"

　　D. 港澳台同胞出席的大部分场合也都使用"以左为贵"的排位法

【解析】通常情况下，主方尊位又比客方尊位更重要一些。我国传统的做法是"以左为贵"，而国际通行的做法是"以右为尊"。港澳台同胞出席的大部分场合也都使用"以右为尊"的排位法。

【答案】B

22. 各级税务机关对于所管辖的出现重大群体访、重复访、越级访、疑难复杂、涉及面广、时间跨度大、容易升级激化的情况，应当（　　）。

　　A. 及时向本机关保卫部门和公安机关通报，共同做好安全防范

　　B. 有关工作部门与信访工作机构共同接谈处理

　　C. 实行领导包案，包案领导亲自研究分析

　　D. 税务机关主要领导带队，及时到上级税务机关进行劝返

【解析】实行领导包案，包案领导亲自研究分析、化解疏导、协调落实，确定责任部门、承办人员、解决方案、办结时间、办结标准，一包到底，直至案结事了、息诉罢访。

【答案】C

23. 信访人对税务机关作出的信访事项处理意见不服，在规定期限内请求原办理机关的上一级税务机关复查的，复查部门调查核实后，起草书面复查意见，经政策法规部门审核，分管本部门的领导审批，由信访工作机构报机关主要领导签字，加盖信访专用章后，自收到复查请求之日起（　　）日内答复信访人。

A. 40 B. 20
C. 60 D. 30

【解析】自收到复查请求之日起 30 日内答复信访人。

【答案】D

24. （　　）人以下的集体访，一般由信访工作机构与有关工作部门共同接谈处理。

A. 6 B. 5
C. 4 D. 3

【解析】5 人以下的集体访，一般由信访工作机构与有关工作部门共同接谈处理。

【答案】B

25. 目前，网络舆情的主要特点有突发性、偏差性和（　　）。

A. 间接性 B. 直接性
C. 准确性 D. 规范性

【解析】网络舆情的主要特点有突发性、偏差性和直接性。

【答案】B

26. 税务系统特别重大（Ⅰ级）、重大（Ⅱ级）突发事件发生后，省税务机关最迟在（　　）内报告税务总局，并报告省级政府，不得谎报、瞒报、漏报和迟报。

A. 30 分钟 B. 1 小时
C. 2 小时 D. 3 小时

【解析】税务系统特别重大（Ⅰ级）、重大（Ⅱ级）突发事件发生后，省税务机关最迟在 3 小时内报告税务总局（即同时向税务总局应急工作领导小组办公室和相应的专项应急工作组报告），并报告省级政府，不得谎报、瞒报、漏报和迟报。

【答案】D

27. 涉税突发事件总结报告应对突发事件的起因、过程、处置、后续工作、经验教训等进行总结。事发地税务机关要在突发事件处置结束后（　　）个工作日报送总结报告。

A. 5 B. 10
C. 15 D. 30

【解析】总结报告应对突发事件的起因、过程、处置、后续工作、经验教训等进行总结。事发地税务机关要在突发事件处置结束后 10 个工作日报送总结报告。

【答案】B

28. 经审定立项的事项，督查部门应及时将"督办通知单"转交有关承办单位办理。这属于（　　）。

A. 立项 B. 分办

C. 承办　　　　　　　　D. 督办

【解析】题干环节属于分办。

【答案】B

29. 行政机关收到政府信息公开申请，能够当场答复的，应当当场予以答复。行政机关不能当场答复的，应当自收到申请之日起（　　）个工作日内予以答复；需要延长答复期限的，应当经政府信息公开工作机构负责人同意并告知申请人，延长的期限最长不得超过（　　）个工作日。

  A. 20，10　　　　　　B. 7，20
  C. 20，20　　　　　　D. 10，20

【解析】行政机关收到政府信息公开申请，能够当场答复的，应当当场予以答复。行政机关不能当场答复的，应当自收到申请之日起20个工作日内予以答复；需要延长答复期限的，应当经政府信息公开工作机构负责人同意并告知申请人，延长的期限最长不得超过20个工作日。

【答案】C

30. 下列关于政府信息公开说法不正确的是（　　）。

  A. 行政机关应当建立健全政府信息公开审查机制，明确审查的程序和责任
  B. 行政机关应当依照《中华人民共和国保守国家秘密法》以及其他法律、法规和国家有关规定对拟公开的政府信息进行审查
  C. 行政机关不能确定政府信息是否可以公开的，应当遵循谨慎性原则暂不予公开或报有关主管部门或者保密行政管理部门确定
  D. 行政机关应当建立健全政府信息管理动态调整机制，对本行政机关不予公开的政府信息进行定期评估审查，对因情势变化可以公开的政府信息应当公开

【解析】选项C，行政机关不能确定政府信息是否可以公开的，应当依照法律、法规和国家有关规定报有关主管部门或者保密行政管理部门确定。

【答案】C

31. 2024年5月初，某市税务局上报税收宣传月经验材料，省税务局认为该材料对全省税务系统其他单位深入开展税收宣传月活动具有参考借鉴意义，决定发送至各市税务局。其应采用的公文处理形式是（　　）。

  A. 印发　　　　　　　B. 转发
  C. 批转　　　　　　　D. 批复

【解析】上级机关对下级机关报来的对全面工作有借鉴、指导作用或参考价值的文件，加注批示后以通知的形式发往受文单位时，标题中使用"批转"一词，这是对下级机关公文批复、转发的一种特有公文处理形式。根据题意，省税务局应采用的公文

处理形式是批转。

【答案】C

32. 根据《全国税务机关公文处理办法》，下列机构中，可以依据授权代表本机关对外正式行文的是（　　）。

　　A. ××省税务局机关党委
　　B. ××市税务局组织人事科
　　C. ××县税务局机关服务中心
　　D. ××市税务局办公室

【解析】根据《全国税务机关公文处理办法》，各级税务机关的内设机构除办公厅（室）和法律规定具有独立执法权的机构外不得对外正式行文。

【答案】D

33. 税务工作涉及地方经济社会发展诸多方面，有时需要与其他单位联合行文。下列单位中不能与某地级市税务局联合行文的是（　　）。

　　A. 该市下辖某县政府
　　B. 该市某预备役团
　　C. 该市某区直机关工委
　　D. 该市市委组织部

【解析】依据《全国税务机关公文处理办法》规定，各级税务机关可以与同级党政各部门、下一级党委政府、相应的军队机关、同级人民团体和具有行政职能的事业单位联合行文。该市某区直机关工委与该市税务局不属同级。

【答案】C

34. 标题是对公文主要内容的概括和对行文目的的揭示。下列选项中可以作为公文标题的是（　　）。

　　A. 国家税务总局通报表扬首批全国税务领军人才培养对象第一次考核优秀学员的决定
　　B. 国家税务总局关于通报表扬首批全国税务领军人才培养对象第一次考核优秀学员的决定
　　C. 国家税务总局作出通报表扬首批全国税务领军人才培养对象第一次考核优秀学员的决定
　　D. 关于通报表扬首批全国税务领军人才培养对象第一次考核优秀学员的决定

【解析】完整的公文标题由发文机关名称＋关于＋事由＋文种组成。选项A、C缺少"关于"，选项D缺少发文机关名称。

【答案】B

35. 2024年3月，某企业认为甲县税务局作出的行政处罚行为侵犯其合法权益，依法向甲县税务局的上一级机关乙市税务局申请行政复议。经审查，乙市税务局拟撤销该具体行政行为。在下发相关文件时，乙市税务局应采用文种是（　　）。

  A. 意见   B. 批复

  C. 通知   D. 决定

【解析】根据《全国税务机关公文处理办法》规定，决定适用于对重要事项作出决策和部署、奖惩有关单位和人员、变更或者撤销下级机关不适当的决定事项。根据题意，乙市税务局应采用的文种是决定。

【答案】D

二、多项选择题

1. 按照国家税务总局关于办理群众来信有关规定，下列属于群众来信的有（　　）。

  A. 信函   B. 贺卡

  C. 微博留言   D. 汇款单

【解析】根据国家税务总局关于办理群众来信和接待群众来访工作要求，群众来信主要包括信函、贺卡、明信片、汇款单、包裹等。

【答案】ABD

2. 涉密公文应当根据有关规定进行标注。应标注的项目包括（　　）。

  A. 密级   B. 份号

  C. 保密期限   D. 解密时间

【解析】根据国家税务总局关于公文处理有关要求，涉密公文应当标注份号。份号一般用6位3号阿拉伯数字，顶格编排在版心左上角第一行。涉密公文应当根据涉密程度分别标注"绝密""机密""秘密"和保密期限。

【答案】ABC

3. 某市税务局各内设机构中，无权对外正式行文的有（　　）。

  A. 办公室   B. 政策法规科

  C. 组织人事科   D. 纳税服务科

【解析】根据《党政机关公文处理工作条例》规定，部门内设机构除办公厅（室）外不得对外正式行文。

【答案】BCD

4. 对收到公文的处理过程即为收文办理。下列属于收文办理程序的有（　　）。

  A. 签收   B. 审核

  C. 登记   D. 答复

【解析】根据国家税务总局关于公文处理有关要求，收文办理指对收到公文的处理过程，包括签收、审核、登记、拟办、批办、承办、传阅、催办、答复等程序。

【答案】ABCD

5. 下列属于发文办理程序的有（　　）。
   A. 传阅　　　　　　B. 复核
   C. 编号　　　　　　D. 校对

【解析】根据国家税务总局关于公文处理有关要求，发文办理指以本机关名义制发公文的过程，包括复核、编号、校对、印制、用印、登记、封发等程序。

【答案】BCD

6. 正式公文发出前，税务机关办公厅（室）应对所发公文进行登记。登记的项目包括（　　）。
   A. 文号　　　　　　B. 标题
   C. 页码　　　　　　D. 日期

【解析】根据国家税务总局关于公文处理有关要求，公文印成发出前，办公厅（室）应当对所发公文的份数、序号及发往单位、日期、文号、标题、密级、附件和封发情况等进行登记。

【答案】ABD

7. 涉密文件的传递和传输应严格遵守有关规定。下列选项中符合涉密公文传递和传输要求的有（　　）。
   A. 通过机要交通传递
   B. 通过邮政机要通信传递
   C. 通过邮政特快专递传递
   D. 通过密码电报传递

【解析】根据国家税务总局关于公文处理有关要求，涉密公文应当通过机要交通、邮政机要通信、城市机要文件交换站或者收发件机关机要收发人员进行传递，通过密码电报或者符合国家保密规定的计算机信息系统进行传输。

【答案】ABD

8. 下列文种中，与请示的行文方向不同的有（　　）。
   A. 通知　　　　　　B. 通报
   C. 通告　　　　　　D. 报告

【解析】根据国家税务总局关于公文处理有关要求，请示，适用于向上级机关请求指示、批准。请示一般分为政策性请示、问题性请示和事务性请示。请示属上行文。公告，适用于向国内外宣布重要事项或者法定事项。税务机关应当依照有关法律、法规、规章向国内外公布税务规范性文件和其他重要税收事项。公告应当公开发布，无主送、抄送。通告，适用于在一定范围内公布应当遵守或者周知的事务性事项。通告面向社会并具有一定的约束力,可采用张贴或媒体刊播的形式公布,无主送、抄送。通知,适用于发布、传达要求下级机关执行和有关单位周知或者执行的事项,批转、转发公文。通知一般分为指示性通知、发布和转发性通知、事务性通知和知照性通知。通知主要是上级机关对下级机关行文时使用,属下行文;向有关单位知照某些事项时(如告知机构变更和召开会议等),也可作平行文使用。通报,适用于表彰先进、批评错误、传达重要精神和告知重要情况。通报属下行文。报告,适用于向上级机关汇报工作、反映情况,回复上级机关询问。报告属上行文。

【答案】ABC

9. 下列单位或个人的工作行为中,违反保密规定的有（　　）。
   A. 某市税务局干部张某将在微信群中收到的不予公开的文件转发至"税务一家亲"微信群中
   B. 办公室机要员李某将待发放的涉密文件放在车上过夜
   C. 召开涉及国家秘密内容的会议时,为保证会议质量,主办单位允许参会人员使用无线话筒
   D. 将涉密载体通过邮政快递等渠道运输

【解析】根据《中华人民共和国保守国家秘密法》规定,机关、单位应当加强对涉密信息系统的管理,不得将涉密计算机、涉密存储设备接入互联网及其他公共信息网络;不得非法获取、持有国家秘密载体;不得通过普通邮政、快递等无保密措施的渠道传递国家秘密载体。

【答案】ABCD

10. 根据《中华人民共和国保守国家秘密法》有关规定,某市税务局下列涉密信息系统管理行为中,违反有关规定的有（　　）。
    A. 使用涉密计算机处理国家秘密信息
    B. 将涉密计算机接入互联网
    C. 擅自卸载涉密信息系统安全技术程序
    D. 未采取防护措施便将涉密信息系统与互联网之间进行信息交换

【解析】根据《中华人民共和国保守国家秘密法》第二十四条规定,机关、单位应当加强对涉密信息系统的管理,任何组织和个人不得有下列行为:将涉密计算机、涉密存储设备接入互联网及其他公共信息网络;在未采取防护措施的情况下,在涉密信息系统与互联网及其他公共信息网络之间进行信息交换;擅自卸载、修改涉密信息系统的安全技术程序、管理程序;将未经安全技术处理的退出使用的涉密计算机、涉密存储设备赠送、出售、丢弃或者改作其他用途;等等。

【答案】BCD

11. 通报适用于（　　）。

A. 表彰先进　　　　　　　B. 批评错误
C. 传达重要精神　　　　　D. 告知重要情况

【解析】通报适用于表彰先进，批评错误，传达重要精神和告知重要情况。

【答案】ABCD

12. 税收新闻发布工作中，新闻发言人的主要职责，包括（　　）。
    A. 协调、指导税收新闻发布筹备、实施工作
    B. 审核新闻发布建议、新闻发布稿和新闻答问口径
    C. 主持新闻发布会
    D. 代表单位对外发布税收新闻、声明和有关重要信息

【解析】新闻发言人的主要职责包括：协调、指导税收新闻发布筹备、实施工作；审核新闻发布建议、新闻发布稿和新闻答问口径；主持新闻发布会；代表单位对外发布税收新闻、声明和有关重要信息。

【答案】ABCD

13. 政府信息依申请公开的处理流程包括（　　）。
    A. 申请　　　　　　　　B. 受理
    C. 办理　　　　　　　　D. 答复

【解析】税务机关对公民、法人或其他组织依法向税务机关提交的政府信息公开申请进行分析、判断和处理，并根据具体情况和相关政策在规定时限内作出回复。处理流程分为申请、受理、自行办理/转办等环节。办理包括信息处理、审查、答复、转办等。

【答案】ABCD

14. 泄密事件报告的主要内容应包括（　　）。
    A. 被泄露国家秘密事项的内容、密级、数量及其载体形式
    B. 泄密事件的发现经过
    C. 泄密责任人的基本情况
    D. 泄密事件造成或可能造成的危害

【解析】泄密事件报告的主要内容以下几个方面：被泄露国家秘密事项的内容、密级、数量及其载体形式；泄密事件的发现经过；泄密责任人的基本情况；泄密事件造成或可能造成的危害；已进行或拟采取的补救措施及查处情况。

【答案】ABCD

15. 各级税务机关应建立健全文件材料的归档制度。需要归档的文件材料范围包括（　　）。
    A. 反映本机关主要职能活动和基本历史面貌的，对本机关工作、国家建设和历史研究具有利用价值的文件材料

B. 机关工作活动中形成的在维护国家、集体和公民权益等方面具有凭证价值的文件材料

C. 下级机关文件材料中，供参阅的简报、情况反映，抄送或越级抄送的文件材料

D. 本机关需要贯彻执行的上级机关、同级机关的文件材料，下级机关报送的重要文件材料

【解析】下级机关文件材料中，供参阅的简报、情况反映，抄送或越级抄送的文件材料属于不需要归档的文件材料范围。

【答案】ABD

16. 突发事件应对工作原则包括（　　）。

A. 以人为本，减少危害

B. 属地为主，分级负责

C. 依法规范，统一指挥

D. 注重预防，科学处置

【解析】突发事件应对工作原则：以人为本，减少危害。属地为主，分级负责。依法规范，统一指挥。注重预防，科学处置。

【答案】ABCD

17. 下列表述属于加强税务系统应急管理的意义的有（　　）。

A. 关系服务经济社会发展全局和保护人民群众生命财产安全的大事

B. 是各级税务机关坚持"为国聚财、为民收税"工作宗旨的重要体现

C. 是税务系统加强社会管理、化解社会矛盾、应对事故灾害的形势所需

D. 防止突发事件发生及减少突发事件造成的危害

【解析】加强税务系统应急管理工作，是关系服务经济社会发展全局和保护人民群众生命财产安全的大事；是各级税务机关坚持"为国聚财、为民收税"工作宗旨的重要体现；是税务系统加强社会管理、化解社会矛盾、应对事故灾害的形势所需。并不能防止或减少突发事件发生。

【答案】ABC

18. 涉税突发事件的书面报告包括（　　）。

A. 初次报告　　　　B. 再次报告

C. 阶段报告　　　　D. 总结报告

【解析】书面报告分初次报告、阶段报告和总结报告。

【答案】ACD

19. 关于督查督办的工作时限，下列说法正确的有（　　）。

A. 督办事项必须有明确的时限要求，承办单位必须按时限要求办结。对需由

多个单位共同完成的督办事项，总的时限要求由督办部门确定，协办时限要求由主办单位确定

  B. 党中央、国务院文件需要落实的事项，由督办部门商承办单位合理确定办理时限，并报督办部门领导审定

  C. 党中央、国务院领导同志批示交办的事项，税务总局党委会议、局务会议、局长办公会议、局领导专题会议议定需要落实的事项，中央企业事业单位来文，各地税务机关的请示性文件，税务总局领导调研时基层税务机关反映的问题，重要信访案件和群众反映的热点、难点问题等，须在30日内完成

  D. 没有按时完成督办事项，在督办时限后办理延期申请手续的，按逾期未办结处理

【解析】根据税务系统督查督办相关规定，选项 A、B、C、D 均正确。

【答案】ABCD

20. 督查督办工作的常用方法有（　　）。

  A. 实地督查　　　　B. 案头督查
  C. 暗访督查　　　　D. 交叉督查

【解析】实地督查、案头督查、暗访督查、交叉督查、"二次督查"都是督查督办工作的常用方法。

【答案】ABCD

21. 为确保督查发现的问题整改落实到位，要对被督查单位组织开展"二次督查"。"二次督查"的主要内容包括（　　）。

  A. 整改通知中指出问题的整改落实情况

  B. 整改落实长效机制建设情况

  C. 发现的重大问题和重大线索

  D. 尚未整改落实的问题及原因

【解析】为确保督查发现的问题整改落实到位，对部分单位组织开展"二次督查"。督查主要内容包括：①整改通知中指出问题的整改落实情况；②整改落实长效机制建设情况；③尚未整改落实的问题及原因；④需要了解的其他情况。

【答案】ABD

22. 制作涉密载体应当标明（　　）。

  A. 密级　　　　　　B. 发放范围
  C. 制作数量　　　　D. 编排顺序号

【解析】制作涉密载体应当标明密级和保密期限，注明发放范围、制作数量、编排顺序号。

【答案】ABCD

23. 涉密信息系统应当指定专门人员管理和维护，严格设定用户权限，按照（　　）的原则，控制涉密信息知悉范围。

  A. 最高密级防护　　　　　　B. 最严密级防护

  C. 最小授权管理　　　　　　D. 最大授权管理

【解析】涉密信息系统应当指定专门人员管理和维护，严格设定用户权限，按照最高密级防护和最小授权管理的原则，控制涉密信息知悉范围。

【答案】AC

24. 下列属于税收新闻发布主要方式的有（　　）。

  A. 新闻发布会

  B. 以税务干部个人名义发布新闻

  C. 国家税务总局网站

  D. 以新闻发言人的名义发布新闻、声明、谈话

【解析】税收新闻发布的主要方式：①新闻发布会；②新闻通报会（包括记者招待会等）；③以新闻发言人的名义发布新闻、声明、谈话；④组织新闻记者集体采访或单独采访；⑤国家税务总局网站；⑥其他形式或渠道的新闻发布。

【答案】ACD

25. 政府信息公开的原则包括（　　）。

  A. 坚持以公开为常态、不公开为例外

  B. 遵循公正、公平、合法、便民的原则

  C. 行政机关应当及时、准确地公开政府信息

  D. 各级人民政府应当积极推进政府信息公开工作，逐步增加政府信息公开的内容

【解析】行政机关公开政府信息，应当坚持以公开为常态、不公开为例外，遵循公正、公平、合法、便民的原则。

【答案】AB

26. 关于应急管理，下列说法正确的有（　　）。

  A. 各级税务机关要建立应对突发事件的预防、预警、处置、信息报告、信息发布、恢复重建等运行机制，提高应急预防、处置和指挥水平

  B. 各级税务机关应积极参与当地政府组织的应急预警工作，加强本部门的情况监测，最大限度地发现突发事件的苗头、征兆

  C. 突发事件发生后，事发地税务机关若可紧密依靠当地政府及有关部门采取措施控制事态发展，保护突发事件现场涉密资料、重要物资的安全，收集并保存相关证据，组织开展应急救援工作，则无须向上级税务机关报告

  D. 对税务总局要求上报的突发事件，应在接到通知后立即上报

【解析】选项C，突发事件发生后，事发地税务机关应紧密依靠当地政府及有关部门采取措施控制事态发展，保护突发事件现场涉密资料、重要物资的安全，收集并保存相关证据，组织开展应急救援工作，并及时向上级税务机关报告。

【答案】ABD

27. 关于印信的保管，下列说法正确的有（　　）。

  A. 单位的内设机构、直属单位的印章，由单位行政首长授权的部门明确专人保管

  B. 各级税务机关（部门）的印章和介绍信由办公室（厅）明确专人保管

  C. 冠以单位字头的专用印章，由单位行政首长授权的部门明确专人保管

  D. 各级税务机关（部门）及内设机构、直属单位的印章和介绍信由办公室（厅）统一保管

【解析】各级税务机关（部门）的印章和介绍信由办公室（厅）明确专人保管；冠以单位字头的专用印章，由单位行政首长授权的部门明确专人保管；单位的内设机构、直属单位的印章，由各内设机构、直属单位明确专人保管。

【答案】BC

28. 会议决议是会议目标的具体体现。下列对于会议决议要求说法正确的有（　　）。

  A. 要有一个准确的会议记录，并根据需要，形成会议纪要

  B. 会议的各项决议要有具体执行人员及完成期限

  C. 任何情况不得停止或擅自更改已决定事项的执行

  D. 建立会议事后跟踪督促制度，使会议的每项决议都有根据、有检查

【解析】选项C，一般在组织上未改变决定之前，不得停止或擅自更改已决定事项的执行。

【答案】ABD

29. 会议座次安排时，尊位应该具有的特征包括（　　）。

  A. 主方尊位又比客方尊位更重要一些

  B. 尊位应该居于中心意义的位置

  C. 尊位应该具有视野上的最佳位置

  D. 尊位应具有行动上的最便利条件

【解析】尊位应该具有以下三个特征：尊位应该居于中心意义的位置；尊位应该具有视野上的最佳位置；尊位应具有行动上的最便利条件。

【答案】BCD

30. 关于行政机关依申请提供政府信息是否收取费用的问题，下列说法正确的有（　　）。

A. 行政机关依申请提供政府信息，一律不收取费用

B. 行政机关依申请提供政府信息，均需收取费用

C. 行政机关依申请提供政府信息，不收取费用。但是，申请人申请公开政府信息的数量、频次明显超出合理范围的，行政机关可以收取信息处理费

D. 行政机关收取信息处理费的具体办法由国务院价格主管部门会同国务院财政部门、全国政府信息公开工作主管部门制定

【解析】行政机关依申请提供政府信息，不收取费用。但是，申请人申请公开政府信息的数量、频次明显超出合理范围的，行政机关可以收取信息处理费。行政机关收取信息处理费的具体办法由国务院价格主管部门会同国务院财政部门、全国政府信息公开工作主管部门制定。

【答案】CD

31. 下列公文中，信息公开选项应选择"不予公开"的有（ ）。

   A. 《国家税务总局××省税务局关于国家税务总局××市税务局维修办公用房的批复》

   B. 《国家税务总局××市税务局关于贯彻落实全省税务工作会议精神的报告》

   C. 《国家税务总局××市税务局关于电子税务局上线的通告》

   D. 《国家税务总局××市税务局办公室关于征求绩效管理指标体系意见的函》

【解析】报上级机关的请示、报告，向有关部门征求意见和答复有关部门意见的文件，涉及国家秘密、工作秘密、商业秘密和个人隐私的文件应不予公开。选项C为通告，适用于在一定范围内公布应当遵守或周知的事项，应选择主动公开。

【答案】ABD

32. 下列关于报告的表述，不正确的有（ ）。

   A. 报告不能用于答复上级机关的询问

   B. 报告具有单向性，用于下级机关向上级机关单向行文

   C. 就某项工作中的错误向上级机关检讨，可以用报告

   D. 报告属上行文，有时为表示重视和尊重，也可作为平行文主送给同级单位

【解析】根据《全国税务机关公文处理办法》规定，报告适用于向上级机关汇报工作、反映情况，回复上级机关询问。报告用于下级机关向上级机关单向行文，根据内容分为综合性报告和专题性报告。报告属上行文，不能作为平行文主送给同级单位。

【答案】AD

33. 关于公文的撤销和废止，以下说法错误的有（ ）。

   A. 公文发出后，其撤销和废止由上级机关或者权力机关根据职权范围和有关法律法规决定，发文机关无权进行撤销和废止

   B. 公文被撤销的，视为自被撤销之日起无效

C. 公文被废止的，视为自始无效

D. 公文被撤销的，视为自始无效

【解析】根据《全国税务机关公文处理办法》规定，公文的撤销和废止由发文机关、上级机关或者权力机关根据职权范围和有关法律法规决定。公文被撤销的，视为自始无效；公文被废止的，视为自废止之日起失效。

【答案】ABC

34. 税务公文行文应当确有必要，讲求实效，注重针对性和可操作性。下列选项可以不以正式公文形式下发的有（　　）。

  A. 某省税务局局长在 2024 年度全省税务工作会议上的讲话

  B. 某市税务局召开机关后勤管理座谈会的通知

  C. 某市税务局第 33 个税收宣传月活动实施方案

  D. 某区税务局 2024 年党建工作要点

【解析】根据《全国税务机关公文处理办法》规定，行文应当确有必要，讲求实效，注重针对性和可操作性。法律、法规中已有明确规定的，不再制发文件；现行文件规定仍然适用的，不再重复发文；已标注公开发布的文件，不再翻印；机关负责人的讲话，不以正式公文形式下发；对使用电话、内部网站等途径可以办理的事项，不发正式公文。

【答案】AB

35. 用语准确是公文的基本要求，以下公文用语带有歧义的有（　　）。

  A. 省税务干部学校新建 3 座 1000 平方米的教学楼

  B. 此案涉及 4 个课题组成员

  C. 本项目有 3 个工作人员，分别到广州、上海、南宁税务部门调研

  D. 贵单位接到通知后，请迅即办理

【解析】选项 A 有歧义，不能确认是每座 1000 平方米还是 3 座总共 1000 平方米；选项 B 有歧义，不能确认是涉及 4 个课题组的全部成员还是 1 个课题组的 4 个成员；选项 C 有歧义，不能确认是 3 个人一起去 3 个地方还是每个人去不同的地方；选项 D 没有歧义。

【答案】ABC

36. 下列关于公文标题排布的说法，正确的有（　　）。

  A. 公文标题布局应以美观为主，形式不拘

  B. 公文标题布局方式可以是上下短中间长的菱形

  C. 公文标题布局方式可以采用正梯形、倒梯形

  D. 公文标题应尽可能控制在 1 行之内，必要时可以简化内容

【解析】根据《党政机关公文格式》规定，公文标题一般用 2 号小标宋体字，编排

于红色分隔线下空二行位置，分一行或多行居中排布；回行时，要做到词意完整，排列对称，长短适宜，间距恰当，标题排列应当使用梯形或菱形。

【答案】BC

37. 某省税务局拟举办一次涉密会议活动，该局主办部门应当事先确定的要素有（　　）。

　　A. 密级
　　B. 参加人员范围
　　C. 活动涉及的涉密文件资料
　　D. 接送车辆

【解析】根据《税务系统保密工作规则》规定，举办涉密会议活动，主办部门应当事先确定密级、参加人员范围、活动涉及的涉密文件资料。

【答案】ABC

三、判断题

1. 领导干部阅处密件时，要严格遵守文件管理规定，在知悉、办理相关事项后，应当当天及时归还秘密载体。如有需继续研究处理的，再次履行办阅手续另行借阅。（　　）

【解析】根据《中华人民共和国保守国家秘密法》规定，领导干部阅处密件时，要严格遵守文件管理规定，在知悉、办理相关事项后，应当当天及时归还秘密载体。如有需继续研究处理的，再次履行办阅手续另行借阅。

【答案】正确

2. 税务机关人员可以根据工作需要卸载涉密计算机上的安全保密防护软件或设备。（　　）

【解析】根据税务系统保密工作相关规定，税务机关人员在使用信息设备时不得擅自卸载涉密计算机上的安全保密防护软件或设备。

【答案】错误

3. 任何情况下，基层税务机关上报的"请示"和"报告"，一律不能直接报送领导个人。（　　）

【解析】根据《全国税务机关公文处理办法》，向上级机关行文，应当遵循以下规则：原则上主送一个上级机关，根据需要同时抄送相关上级机关和同级机关，不抄送下级机关。除上级机关负责人直接交办事项外，不得以本机关名义向上级机关负责人报送公文，不得以本机关负责人名义向上级机关报送公文。故答案为错误。

【答案】错误

4. 公文标题中除法律、法规、规章、规范性文件加书名号外，一般不用标点符号。（　　）

【解析】根据《全国税务机关公文处理办法》，标题由发文机关、发文事由和文种组成，应当准确简要地概括公文的主要内容并标明公文种类。公文标题中除法律、法规、规章和规范性文件名称加书名号外，一般不用标点符号。

【答案】正确

5. 意见可以作为上行文、下行文，但不能作为平行文。（　　）

【解析】意见可以用于上行文、下行文和平行文。

【答案】错误

6. 请示必须在事前，应当一文一事，但在紧急情况下，可在报告非请示性公文中夹带请示事项。（　　）

【解析】请示必须在事前，应当一文一事，不得在报告非请示性公文中夹带请示事项。

【答案】错误

7. 函属于平行文，知照性通知也可以是平行文，意见也可以作为平行文使用。（　　）

【解析】函、通知、意见均可作平行文使用。

【答案】正确

8. 某市税务局按照省局要求报送了《国家税务总局××市税务局关于2023年度经费支出情况的报告》，同时在报告中请示了关于维修市局办公大楼所需经费支出50万元的事项。（　　）

【解析】请示应当一文一事，不得在报告等非请示性公文中夹带请示事项。

【答案】错误

9. 某市税务局人事教育科起草了一份需要与系统党建工作科会签的公文，人事教育科应与系统党建工作科取得一致意见后行文。（　　）

【解析】根据《全国税务机关公文处理办法》规定，凡需会签的公文，主办部门应当与会办部门取得一致意见后行文。

【答案】正确

10. 秘密级国家秘密是一般的国家秘密，泄露会使国家安全和利益遭受损害。（　　）

【解析】根据《中华人民共和国保守国家秘密法》第十条规定，绝密级国家秘密是最重要的国家秘密，泄露会使国家安全和利益遭受特别严重的损害；机密级国家秘密是重要的国家秘密，泄露会使国家安全和利益遭受严重的损害；秘密级国家秘密是一般的国家秘密，泄露会使国家安全和利益遭受损害。

【答案】正确

11. 函适用于相互隶属机关之间商洽工作、询问和答复问题、请求批准和答复审批事项。（ ）

【解析】函适用于不相隶属机关之间商洽工作、询问和答复问题、请求批准和答复审批事项。

【答案】错误

12. 对没有隶属关系的平级单位或其他单位来文请求批准有关事项，不能使用"批复"，只能采用"函"。（ ）

【解析】对没有隶属关系的平级单位或其他单位来文请求批准有关事项，不能使用"批复"，应当采用"通知"或"函"。

【答案】错误

13. 《中华人民共和国档案法》规定，个人可以保存应当归档的公文。（ ）

【解析】公文办理完毕后，应当根据《中华人民共和国档案法》及档案管理有关规定，及时将公文定稿、正本和有关材料交本部门文秘人员整理、归档。个人不得保存应当归档的公文。

【答案】错误

14. 绝密级公文不可以复制、汇编。（ ）

【解析】绝密级公文一般不得复制、汇编，确有工作需要的，应当经发文机关或者其上级机关批准。

【答案】错误

15. 用于在一定范围内公布应当遵守或周知的事项的公文是通知。（ ）

【解析】用于在一定范围内公布应当遵守或周知的事项的公文是通告。

【答案】错误

16. 公文附件是指公文印发传达范围以及在正文中不宜说明的其他事项。（ ）

【解析】公文附注是指公文印发传达范围以及在正文中不宜说明的其他事项。

【答案】错误

17. 各级税务机关负责人是本机关保密工作第一责任人。（ ）

【解析】各级税务机关主要领导是本机关保密工作第一责任人。

【答案】错误

18. 开具介绍信要按规定将内容填列齐全，介绍信存根要保管3年。（ ）

【解析】开具介绍信要按规定将内容填列齐全，介绍信存根要保管5年。特殊情况需用信笺作介绍信时，用印人需登记留底。

【答案】错误

19. 局务会议、局长办公会议的议题由办公厅（室）确定，会议组织工作由局长

负责。（   ）

【解析】局务会议、局长办公会议的议题由局长确定，会议组织工作由办公厅（室）负责。

【答案】错误

20. 对当地省级人民政府规定的较大（Ⅲ级）以上突发事件，或出现税务工作人员非正常死亡的事件，事发地税务机关应及时直接报告税务总局。（   ）

【解析】对当地省级人民政府规定的较大（Ⅲ级）以上突发事件，或出现税务工作人员非正常死亡的事件，事发地税务机关应及时逐级报告税务总局。

【答案】错误

21. 下级机关报送的年度或年度以上计划、总结、统计、重要专题报告等文件材料属于永久保管的文书档案。（   ）

【解析】根据国家税务总局机关档案管理的有关规定，下级机关报送的年度或年度以上计划、总结、统计、重要专题报告等文件材料属于定期保管的文书档案。

【答案】错误

22. 印章是税务机关印信凭证的一种，是代表税务机关权力、职责的凭据，是税务机关职能作用的法律标志。（   ）

【解析】略

【答案】正确

23. 各级税务机关原则上应每半年召开一次舆情风险预判工作例会。（   ）

【解析】根据国家税务总局关于税务系统舆情管理工作有关要求，各级税务机关原则上应每季度召开舆情风险预判工作例会。例会由舆情管理部门组织召开，参会人员包括舆情管理部门分管领导、舆情管理部门人员、业务责任部门有关人员等。会议应全面总结当前季度舆情预判工作整体情况，研究部署下一阶段工作安排。

【答案】错误

24. 各级税务机关应建立督查督办制度，对重要公文要定期督办，一般公文要跟踪督办。（   ）

【解析】根据督查督办相关规定，重要公文应重点督办，一般公文应定期督办，紧急公文应跟踪督办。

【答案】错误

25. 涉税舆情分为低风险、中风险、高风险和重大风险四个等级。（   ）

【解析】根据国家税务总局关于税务系统舆情管理工作有关要求，根据涉税舆情的内容、涉事主体、传播范围和影响程度，将涉税舆情分为高风险、中风险和低风险三个等级。

【答案】错误

26. 国务院办公厅是全国政府信息公开工作的主管部门，负责推进、指导、协调、监督全国的政府信息公开工作。（   ）

【解析】根据《中华人民共和国政府信息公开条例》第三条规定，国务院办公厅是全国政府信息公开工作的主管部门，负责推进、指导、协调、监督全国的政府信息公开工作。

【答案】正确

27. 行政机关制作的政府信息由制作该政府信息的行政机关负责公开，法律、法规对政府信息公开的权限另有规定的，从其规定。（   ）

【解析】根据《中华人民共和国政府信息公开条例》第十条规定，行政机关制作的政府信息，由制作该政府信息的行政机关负责公开。行政机关从公民、法人和其他组织获取的政府信息，由保存该政府信息的行政机关负责公开；行政机关获取的其他行政机关的政府信息，由制作或者最初获取该政府信息的行政机关负责公开。法律、法规对政府信息公开的权限另有规定的，从其规定。

【答案】正确

28. 各地发生Ⅰ级至Ⅲ级突发事件的，应向税务总局报告信息。（   ）

【解析】根据《税务系统特别重大、重大突发事件分级标准（试行）》规定，各地发生符合Ⅰ级和Ⅱ级突发事件的，应向税务总局报告信息。

【答案】错误

29. 突发事件信息报告应坚持"实事求是、快报事实、慎报原因、依法处置"的原则，准确报送突发事件有关情况。（   ）

【解析】根据《全国税务系统突发事件信息报告工作管理办法》规定，突发事件信息报告应坚持"实事求是、快报事实、慎报原因、依法处置"的原则，准确报送突发事件有关情况。

【答案】正确

30. 税务系统有关重要预测预警信息，以及可能演化为特别重大和重大突发事件的信息，应向税务总局报告紧急情况。（   ）

【解析】根据《全国税务系统突发事件信息报告工作管理办法》规定，税务系统有关重要预测预警信息，以及可能演化为特别重大和重大突发事件的信息，应向税务总局报告紧急情况。

【答案】正确

31. 国家秘密的保密期限已满，需经定密部门审批解密。（   ）

【解析】根据《中华人民共和国保守国家秘密法》规定，国家秘密的保密期限已满的，自行解密。

【答案】错误

32. 借阅非本人主管业务的机密文件，必须经办公室负责人批准。外单位来人查阅本机关档案，必须持有单位介绍信，并经本机关办公室负责人批准。（　　）

【解析】略

【答案】正确

33. 确因工作需要，可以使用私人计算机处理涉密文件，但要与互联网断开连接，待处理完涉密信息后才可与互联网连接。（　　）

【解析】根据保密工作相关规定，私人计算机是非涉密计算机，非涉密计算机不能处理涉密文件。

【答案】错误

34. 各级税务机关分管办公室领导是信访工作的第一责任人，对本辖区信访工作负总责。（　　）

【解析】各级税务机关的主要领导是信访工作的第一责任人，对本辖区的信访工作负总责。

【答案】错误

35. 王某是某省税务局负责信访工作的办公室副主任，某次接访过程中，王某在信访接待场所对接谈过程进行了录音、录像，并按规定将录音、录像资料进行了存档。（　　）

【解析】各省级税务机关应在接待场所安装录音、录像监控设备，对接谈过程录音、录像；妥善保管录音、录像资料，按照规定及时存档。

【答案】正确

36. 根据《党政机关国内公务接待管理规定》，接待单位应当按照标准安排接待住房，并配发洗漱用品套装。（　　）

【解析】根据《党政机关国内公务接待管理规定》规定，接待单位不得超标准安排接待住房，不得额外配发洗漱用品。

【答案】错误

37. 税务机关公务接待严禁饮酒，但私人自带酒除外。（　　）

【解析】根据《税务系统整治违反中央八项规定精神问题负面清单（试行）》规定，国内公务接待违规饮酒（包括私人自带的酒类）属于违规吃喝类负面清单中的一项。

【答案】错误

四、简答题

1. 什么是信访三级终结制度？

【答案】信访三级终结制度指同一信访事项按照法定程序经过三级行政机关依次做

出处理意见、复查意见、复核意见后，有权处理的行政机关终止受理该信访事项，该信访事项处理终结。

2. 案头督查的主要程序有哪四个环节？

【答案】应从以下方面进行阐述：一是立项通知，经领导批准下发督查通知，布置督查任务。二是跟踪催办，对需要落实和整改的事项，进行跟踪催办，督促被督查单位落实整改到位。三是情况反馈。被督查单位按要求认真整改到位，并将整改报告以正式公文报督查部门。四是总结报告。对整改落实情况进行审核分析，报局领导审示。

3. 确定国家秘密的知悉范围应当遵循什么原则？

【答案】确定国家秘密的知悉范围，应当根据工作需要限定在最小范围。能够限定到具体人员的，限定到具体人员；不能限定到具体人员的，限定到机关、单位，由机关、单位限定到具体人员。

4. 《中华人民共和国保守国家秘密法》规定的法律责任包括哪些？

【答案】《中华人民共和国保守国家秘密法》规定的法律责任包括行政责任和刑事责任。行政责任主要包括处分、责令整改等；刑事责任则是针对情节严重，构成犯罪的行为，依法追究刑事责任。具体的法律责任形式和适用条件，根据《中华人民共和国保守国家秘密法》及相关法律法规的具体规定来确定。

5. 信访工作应当遵循哪些原则？

【答案】信访工作应当坚持党的全面领导，坚持以人民为中心，坚持落实信访工作责任，坚持依法按政策解决问题，坚持源头治理化解矛盾。

6. 信访事项的办理期限是如何规定的？

【答案】信访事项应当自受理之日起60日内办结；情况复杂的，经本机关、单位负责人批准，可以适当延长办理期限，但延长期限不得超过30日，并告知信访人延期理由。

7. 信访人在信访过程中应当遵守哪些规定？

【答案】信访人在信访过程中应当遵守法律、法规，不得损害国家、社会、集体的利益和其他公民的合法权利，自觉维护社会公共秩序和信访秩序，不得有在机关、单位办公场所周围、公共场所非法聚集，围堵、冲击机关、单位，拦截公务车辆，或者堵塞、阻断交通等行为。

错题、要点整理页

第三章 干部管理

>> **本章知识框架**

节	细目	知识点	学习进度
人事管理	公务员管理	【知识点1】公务员的职位分类	
		【知识点2】公务员的职务、职级与级别	
		【知识点3】综合管理类公务员职级设置与职数比例	
		【知识点4】公务员录用	
		【知识点5】公务员考核	
		【知识点6】公务员职务、职级任免与升降	
		【知识点7】公务员奖励	
		【知识点8】公务员监督与惩戒	
		【知识点9】公务员工资、福利、保险	
		【知识点10】公务员辞职、辞退与退休	
		【知识点11】公务员申诉规定	
		【知识点12】公务员公开遴选	
	领导干部选拔任用	【知识点1】选拔任用党政领导干部原则	
		【知识点2】选拔任用党政领导干部条件和资格	
		【知识点3】破格提拔	
		【知识点4】选拔任用程序	
		【知识点5】党政领导干部交流制度	

续表

节	细目	知识点	学习进度
人事管理	领导干部选拔任用	【知识点6】党政领导干部任职回避制度	
		【知识点7】党政领导干部免职、辞职、降职	
		【知识点8】党政领导干部选拔任用的纪律和监督	
	领导班子和干部管理	【知识点1】干部选拔任用任前事项报告	
		【知识点2】干部选拔任用工作"一报告两评议"	
		【知识点3】民主生活会制度	
		【知识点4】领导干部个人有关事项报告相关规定	
		【知识点5】税务系统因私出国（境）管理制度的有关要求	
	干部人事档案管理	【知识点1】干部人事档案工作机构（含干部人事档案工作岗位）职责	
		【知识点2】干部人事档案主要内容和分类	
		【知识点3】干部人事档案日常管理	
		【知识点4】干部人事档案利用和审核	
		【知识点5】干部人事档案工作纪律	
	人才管理	【知识点1】新时代税务人才工作目标	
		【知识点2】税务系统素质提升"2271"工程	
		【知识点3】税收战略人才	
		【知识点4】税务领军人才	
		【知识点5】业务标兵	
		【知识点6】青年才俊	
	老干部管理	【知识点1】干部离休、退休和退职	
		【知识点2】老干部政治待遇和生活待遇	
	事业人员管理	【知识点1】事业人员管理概况	
		【知识点2】事业人员工资、福利、保险待遇等相关政策	
		【知识点3】事业人员职级晋升相关政策	

续表

节	细目	知识点	学习进度
教育培训管理	干部教育培训	【知识点1】税务干部教育培训高质量发展的主要目标	
		【知识点2】建设高质量税务干部教育培训体系	
		【知识点3】岗位学习日常化	
		【知识点4】教育培训实战化	
		【知识点5】税务干部教育培训机构、师资、学习资源及经费的相关规定	
		【知识点6】税务干部教育培训的考核与评估	
		【知识点7】税务干部教育培训学时要求	
		【知识点8】初任培训	
		【知识点9】税务系统培训管理规范	
	学习兴税	【知识点1】学习兴税平台	
		【知识点2】学习兴税平台日常学习测试条线管理	
		【知识点3】学习兴税平台日常学习	
		【知识点4】学习兴税平台活动管理	
数字人事	数字人事相关政策制度	【知识点1】数字人事政策制度文件依据	
		【知识点2】数字人事相关概念	
		【知识点3】平时考核	
		【知识点4】职业基础	
	数字人事"两测"	【知识点1】数字人事"两测"概述	
		【知识点2】业务能力升级跨档报名	
	数字人事结果运用	【知识点1】数字人事结果运用基本情况	
		【知识点2】干部年度考核得分划段	
		【知识点3】年度考核、评先评优运用	
		【知识点4】其他方面运用	

第三章 干部管理

>> 习题演练

一、单项选择题

1. 公务员晋升职级所要求任职年限，其间每有 1 个年度考核结果为优秀等次的，任职年限缩短（　　）。

　　A. 2 年　　　　　　　　B. 1 年
　　C. 半年　　　　　　　　D. 不缩短

【解析】根据《公务员职务与职级并行规定》第十九条规定，公务员晋升职级所要求任职年限的年度考核结果均应为称职以上等次，其间每有 1 个年度考核结果为优秀等次的，任职年限缩短半年。

【答案】C

2. 选拔任用党政领导干部，必须放在首位的标准是（　　）。

　　A. 政治标准　　　　　　B. 能力标准
　　C. 道德标准　　　　　　D. 学识标准

【解析】根据《党政领导干部选拔任用工作条例》第三条规定，选拔任用党政领导干部，必须把政治标准放在首位。

【答案】A

3. 选拔任用党政领导干部，要注重发现和培养选拔（　　），用好各年龄段干部。

　　A. 专业干部　　　　　　B. 高素质干部
　　C. 优秀年轻干部　　　　D. 基层干部

【解析】根据《党政领导干部选拔任用工作条例》第三条规定，注重发现和培养选拔优秀年轻干部，用好各年龄段干部。

【答案】C

4. 公务员平时考核结果分为好、较好、一般和较差 4 个等次。好等次公务员人数原则上掌握在本机关参加平时考核的公务员总人数的（　　）以内。

　　A. 20%　　　　　　　　B. 30%
　　C. 40%　　　　　　　　D. 50%

【解析】根据《公务员平时考核办法（试行）》第八条规定，好等次公务员人数原则上掌握在本机关参加平时考核的公务员总人数的 40% 以内。

【答案】C

5. 职级是确定干部待遇的重要依据，下列不属于可依据职级确定的待遇的是（　　）。

A. 工资 B. 住房
C. 出差住宿、交通 D. 医疗

【解析】根据《公务员职务与职级并行规定》第二十六条规定，公务员因公出国出差的交通、住宿标准以及办公用房标准等待遇，不与职级挂钩。根据第二十四条规定，公务员根据所任职级执行相应的工资标准，享受所在地区（部门）相应职务层次的住房、医疗、交通补贴、社会保险等待遇。

【答案】C

6. 按照《税务系统贯彻〈干部教育培训工作条例〉实施办法》的要求，其他干部参加教育培训的时间，根据有关规定和工作需要确定，一般每年累积不少于（　　）天或者（　　）学时。

  A. 10，80 B. 12，90
  C. 15，120 D. 20，150

【解析】如题干依据，其他干部参加教育培训的时间，根据有关规定和工作需要确定，一般每年累积不少于12天或者90学时。

【答案】B

7. 税务系统讲课费（税后）执行的标准为副高级技术职称专业人员每学时最高不超过（　　）元；正高级技术职称专业人员每学时最高不超过（　　）元；院士、全国知名专家每学时一般最高不超过（　　）元。

  A. 300，600，900
  B. 500，1000，1500
  C. 600，1200，1800
  D. 800，1600，3000

【解析】根据《全国税务系统培训费管理办法》规定，讲课费（税后）执行的标准为副高级技术职称专业人员每学时最高不超过500元；正高级技术职称专业人员每学时最高不超过1000元；院士、全国知名专家每学时一般最高不超过1500元。

【答案】B

8. 下列选项中，（　　）不是公务员晋升领导职务的程序。
  A. 动议 B. 民主测评
  C. 组织考察 D. 履行任职手续

【解析】公务员晋升领导职务的程序：①动议；②民主推荐；③确定考察对象，组织考察；④按照管理权限讨论决定；⑤履行任职手续。

【答案】B

9. 对晋升领导职务的公务员应当在（　　）进行任职培训。
  ①任职前　②任职后半年内　③任职后一年内

A. ①　　　　　　　　　　B. ②
C. ①或②　　　　　　　　D. ①或③

【解析】对晋升领导职务的公务员应当在任职前或者任职后一年内进行任职培训。

【答案】D

10. 公务员在年度考核中，连续两年被确定为不称职的应该（　　）。
    A. 予以辞退　　　　　　B. 降级使用
    C. 降两级工资　　　　　D. 撤职

【解析】根据《中华人民共和国公务员法》第八十八条规定，公务员有五种情形之一的，予以辞退。在年度考核中，连续两年被确定为不称职的为其中一项。

【答案】A

11. 根据《全国税务系统培训费管理办法》，关于培训费的承担情况，以下说法错误的是（　　）。
    A. 参训人员及工作人员培训期间发生的租住房间的费用由培训举办单位承担
    B. 授课老师的讲课费、住宿费、伙食费、城市间交通费等由培训举办单位承担
    C. 与培训有关的考察、调研等发生的交通支出由培训举办单位承担
    D. 培训期间发生的文体活动费用及医药费等由参训人员按照一定比例承担

【解析】根据《全国税务系统培训费管理办法》第十八条规定，培训费由培训举办单位承担，不得向参训人员收取任何费用。以上四个选项中的费用支出都是培训费构成。

【答案】D

12. 税务总局举办为期7天的更新知识培训班，参训人员包括8名司局级干部和60名处级干部。关于培训费支出标准，以下说法正确的是（　　）。
    A. 该培训按照二类培训综合定额标准执行
    B. 司局级人员按照二类培训综合定额标准支出，处级人员按照三类培训综合定额标准支出
    C. 该培训按照三类培训综合定额标准执行
    D. 该培训按照三类培训综合定额标准执行司局级人员按照三类培训综合定额标准支出，处级人员按照二类培训综合定额标准支出

【解析】根据《全国税务系统培训费管理办法》第八条规定，三类培训是指参训人员主要为处级及以下人员的培训项目，标准为550元/人天。该培训主要是处级人员，为三类培训，司局级人员也只能按照三类培训标准支出。

【答案】C

13. 税务系统新录用公务员初任培训考核成绩作为优秀学员评选的重要依据，由省

局教育部门组织评选优秀学员的比例是（   ）。

  A. 不超过 10%   B. 不超过 15%

  C. 不超过 20%   D. 不超过 25%

【解析】根据《税务系统新录用公务员初任培训管理办法》第二十一条规定，考核成绩作为优秀学员评选的重要依据，由省局教育部门组织评选出不超过 20% 的优秀学员。

【答案】C

14. 参加省级税务局业务比武名列前（   ）名的业务标兵，可在省级税务局组织的业务能力测试中跨 1 档报名参加测试。

  A. 1   B. 3

  C. 5   D. 10

【解析】根据《税务系统业务标兵管理办法（试行）》规定，参加省级税务局业务比武名列前 5 名的业务标兵，可在省级税务局组织的业务能力测试中跨 1 档报名参加测试。参加全国税务系统业务比武名列前 5 名的业务标兵，经组织推荐可破格报名参加领军人才学员选拔，全国税务系统业务比武获通报表扬的业务标兵，可在领军人才学员选拔素质和业绩评价中给予加分。

【答案】C

15. 干部人事档案分为（   ）。

  A. 原件和复印件   B. 正本和副本

  C. A 本和 B 本   D. 原件和非原件

【解析】根据《干部人事档案工作条例》第二十二条规定，干部人事档案分为正本和副本。

【答案】B

16. 干部人事档案管理权限发生变动的，原管理单位的干部人事档案工作机构应当对档案进行认真核对整理，保证档案内容真实准确、材料齐全完整，完成转递的时限要求是（   ）。

  A. 15 日内   B. 1 个月内

  C. 2 个月内   D. 3 个月内

【解析】根据《干部人事档案工作条例》规定，干部人事档案管理权限发生变动的，原管理单位的干部人事档案工作机构应当对档案进行认真核对整理，保证档案内容真实准确、材料齐全完整，并在 2 个月内完成转递。

【答案】C

17. 党委（党组）讨论决定干部任免事项，必须有（   ）以上成员到会，并保证与会成员有足够时间听取情况介绍、充分发表意见。

A. 1/3　　　　　　　　　B. 1/2
C. 2/3　　　　　　　　　D. 3/4

【解析】党委（党组）讨论决定干部任免事项，必须有2/3以上成员到会。

【答案】C

18. 下列人员中，不属于国家税务总局负责组织培训的是（　　）。
    A. 司局级领导干部
    B. 处级领导干部任职培训
    C. 科级领导干部任职培训
    D. 全国税务领军人才

【解析】根据《税务系统贯彻〈干部教育培训工作条例〉实施办法》规定，税务总局负责组织税务系统司局级领导干部、司局级后备干部、优秀中青年干部培训，处级领导干部任职培训，全国税务领军人才培养对象培训，税务总局人才库人员培训，税务总局机关干部培训以及应由税务总局组织的其他培训。

【答案】C

19. 根据《领导干部报告个人有关事项规定》规定，组织（人事）部门应当对领导干部报告个人有关事项的情况进行汇总综合，向同级党委（党组）和上一级党委（党组）的组织（人事）部门报告，其时间要求是（　　）。
    A. 每季度　　　　　　　B. 每半年
    C. 每年　　　　　　　　D. 每2年

【解析】根据《领导干部报告个人有关事项规定》第九条规定，组织（人事）部门应当每年对领导干部报告个人有关事项的情况进行汇总综合，向同级党委（党组）和上一级党委（党组）的组织（人事）部门报告。

【答案】C

20. 根据《学习兴税平台日常学习管理办法》规定，参加业务能力评定升级的税务干部，日常学习年度得分需达到的最低得分是（　　）分。
    A. 40　　　　　　　　　B. 50
    C. 60　　　　　　　　　D. 70

【解析】根据《学习兴税平台日常学习管理办法》第十四条规定，根据数字人事制度有关规定，参加业务能力评定升级的税务干部，日常学习年度得分需达到60分。

【答案】C

21. 根据《税务系统培训项目质量评估管理办法（试行）》规定，培训项目质量重点评估结束后，负责保管重点评估资料的部门是（　　）。
    A. 培训项目主办部门
    B. 培训项目承办机构

C. 教育培训主管部门
D. 第三方机构

【解析】根据《税务系统培训项目质量评估管理办法（试行）》第十三条规定，主办部门负责保存一般评估资料；教育培训主管部门负责保存重点评估资料和一般评估报备资料，并将查看主办部门评估资料保存完整性作为督导工作的重要内容。

【答案】C

22. 满足一定条件的业务标兵，经组织推荐可破格报名参加领军人才学员选拔。这个条件指参加全国税务系统业务比武名列前（　　）名。

A. 1　　　　　　　　　B. 3
C. 5　　　　　　　　　D. 10

【解析】根据《税务系统业务标兵管理办法（试行）》规定，参加省级税务局业务比武名列前5名的业务标兵，可在省级税务局组织的业务能力测试中跨1档报名参加测试。参加全国税务系统业务比武名列前5名的业务标兵，经组织推荐可破格报名参加领军人才学员选拔，全国税务系统业务比武获通报表扬的业务标兵，可在领军人才学员选拔素质和业绩评价中给予加分。

【答案】C

23. 税务干部在参加组织选派的脱产教育培训期间，一般应享受在岗同等待遇，因特殊情况确需请假的，必须严格履行手续。请假时间累计超过总学时（　　）的，按退学处理。

A. 1/3　　　　　　　　B. 1/2
C. 1/7　　　　　　　　D. 1/5

【解析】根据中共中央组织部关于干部教育培训学员管理的相关规定和税务总局关于贯彻《干部教育培训工作条例》的相关办法规定，税务干部在参加组织选派的脱产教育培训期间请假时间累计超过总学时1/7的，按退学办理。

【答案】C

24. 税务领军人才的培养目标是到2035年，达到规模（　　）名。

A. 500　　　　　　　　B. 2000
C. 5000　　　　　　　D. 10000

【解析】根据《中共国家税务总局委员会关于进一步加强新时代税务人才工作的意见》规定，总体培训目标为：到2035年，基本形成覆盖主要税收工作领域、总量为2000名左右的税务领军人才队伍。

【答案】B

25. 以下选项中，不属于税务系统领军人才培养方向的是（　　）。

A. 综合管理　　　　　B. 税收法制

C. 税费业务　　　　　　　D. 税收信息化管理

【解析】领军人才培养方向分为综合管理、税费业务和税收信息化管理三类。

【答案】B

26. 在选拔任用党政领导干部时，关于破格提拔的特别规定，表述准确的是（　　）。

    A. 任职试用期未满的干部，如表现特别优秀，可以破格提拔至更高一级领导职务
    B. 提拔任职不满两年的干部，在承担急难险重任务中作出重大贡献，可以直接越两级提拔
    C. 破格提拔的干部必须德才素质突出、群众公认度高，并且符合在关键时刻经受住考验、表现突出等特定条件
    D. 领导班子结构需要或领导职位有特殊要求的，可以不考虑干部的基本条件和资格要求，直接破格提拔

【解析】选项A，任职试用期未满或者提拔任职不满一年的，不得破格提拔。选项B，破格提拔不得越两级提拔，也不得在任职年限上连续破格。选项D，破格提拔虽然可以因工作需要和领导班子结构需求进行，但必须严格遵守干部的基本条件和资格要求，不能随意突破。选项C准确概括了破格提拔的基本条件和特定要求，即德才素质突出、群众公认度高，并且符合在关键时刻经受住考验、表现突出等条件之一。

【答案】C

27. 在党政领导干部选拔任用程序中，关于动议阶段的说法，以下最为准确的是（　　）。

    A. 动议阶段主要由党委（党组）领导成员根据个人意愿提出初步建议，无须综合分析和沟通酝酿
    B. 动议阶段必须结合工作需要和领导班子建设实际，对选拔任用的职位、条件、范围等进行全面分析，并形成初步建议
    C. 动议阶段产生的初步建议，无须向党委（党组）主要领导成员汇报，即可直接进行公开选拔或竞争上岗
    D. 动议阶段仅适用于领导班子换届时的选拔任用，不适用于个别提拔任职或进一步使用的情形

【解析】选项A，动议阶段不是由个人随意提出的，而是需要综合分析和沟通酝酿的。选项C，初步建议必须向党委（党组）主要领导成员汇报，并进行完善，而非直接进行公开选拔或竞争上岗。选项D，动议阶段不仅适用于领导班子换届，也适用于个别提拔任职或进一步使用的情形。选项B准确描述了动议阶段的主要工作内容和流程，即结合工作需要和领导班子建设实际，对选拔任用的职位、条件、范围等进行全

面分析，并形成初步建议。

【答案】B

28. 党政领导干部交流制度中，关于交流对象的表述，正确的是（　　）。

    A. 所有党政领导干部都必须定期进行交流
    B. 交流对象主要是因工作需要或需要通过交流锻炼提高领导能力的干部
    C. 交流对象仅限于在地方党委和政府任职的干部，不包括中央机关的干部
    D. 交流对象仅针对在同一职位上任职满 5 年的干部

【解析】选项 A 错误，并非所有党政领导干部都必须定期进行交流，交流制度有具体的对象和条件。选项 B 正确，根据《党政领导干部交流工作规定》第四条，交流对象主要包括因工作需要交流的、需要通过交流锻炼提高领导能力的等几类干部。选项 C 错误，交流对象不仅限于地方党委和政府的干部，也包括中央机关的干部，具体范围在《党政领导干部交流工作规定》第二条中有明确规定。选项 D 错误，交流对象不仅限于在同一职位上任职满 5 年的干部，如《党政领导干部交流工作规定》第五条、第六条等条款规定了更具体的任职年限要求。

【答案】B

29. 党政领导干部任职回避制度中，需要回避的亲属关系不包括（　　）。

    A. 夫妻关系
    B. 直系血亲关系
    C. 同学关系
    D. 三代以内旁系血亲关系

【解析】党政领导干部任职回避制度主要基于亲属关系来设定回避原则。根据《党政领导干部任职回避暂行规定》等相关规定，需要回避的亲属关系主要包括夫妻关系、直系血亲关系以及三代以内旁系血亲关系。同学关系并不属于这些需要回避的亲属关系之一。

【答案】C

30. 根据税务系统素质提升"2271"工程中的税收战略人才培养计划，会被纳入国际化战略人才培养途径的是（　　）。

    A. 担任厅局级领导职务的领军人才
    B. 担任正处级及以上领导职务的外派回国人员
    C. 担任正处级及以上领导职务的外派国际组织任职人员
    D. 担任副处级及以上领导职务的外派回国人员

【解析】国家税务总局按照综合型和国际化两种途径统筹推进战略人才培养。将担任厅局级领导职务的领军人才纳入综合型战略人才，将担任正处级及以上领导职务的外派回国人员纳入国际化战略人才。通过分途培养，不断提高战略思维能力、综合决

策能力和驾驭全局能力。

【答案】B

31. 在"领军工程育俊才"的基层方案中，青年才俊选拔的年龄要求是（　　）。
    A. 30 岁以下　　　　　　B. 35 岁以下
    C. 40 岁以下　　　　　　D. 45 岁以下

【解析】青年才俊培养对象为全国税务系统各市、县税务局政治突出、业绩优良、具备培养潜力、年龄在 35 岁以下的副科级及副科级以下的优秀年轻干部。

【答案】B

32. 关于领军人才的选拔程序，下列描述正确的是（　　）。
    A. 预录取成绩占总分的 30%
    B. 学习能力评估成绩占选拔总分的 40%
    C. 工作能力评估包括对领军人才业绩贡献的考察
    D. 综合评价成绩由预录取成绩、学习能力评估和工作能力评估成绩相加得出

【解析】选项 A，预录取成绩占综合评价成绩的 50%，而不是 30%。选项 B，学习能力评估成绩占选拔总分（综合评价成绩）的 25%，而不是 40%。选项 D，综合评价成绩并不是简单地将预录取成绩、学习能力评估和工作能力评估叠加得出，而是要结合预录取考察情况和选拔期间的现实表现形成综合评价意见。

【答案】C

33. 税务干部教育培训考核中，脱产培训的考核实施主体是（　　）。
    A. 干部所在单位
    B. 税务干部教育培训主管部门
    C. 干部教育培训机构
    D. 税务系统外部评估机构

【解析】税务干部教育培训考核区分不同教育培训方式分别实施。其中，脱产培训的考核由主办单位和干部教育培训机构实施。

【答案】C

34. 关于税务干部教育培训的学时指标，以下描述正确的是（　　）。
    A. 处级以上领导干部每 5 年参加集中培训不少于 2 个月或 450 学时
    B. 科级领导干部每年参加集中培训累计不少于 15 天或 120 学时
    C. 所有税务干部每年网络自学学时累计不少于 50 学时
    D. 事业单位六级管理岗位人员每年需参加至少 2 次脱产培训

【解析】选项 A，处级以上领导干部每 5 年参加集中培训累计不少于 3 个月或 550 学时；选项 B，科级领导干部每年参加集中培训累计不少于 12 天或 90 学时；选项 D，税务干部教育培训学时要求中并未明确提及事业单位六级管理岗位人员需参加的脱产

培训次数。

【答案】C

35. 不属于税务系统初任培训对象的是（　　）。
    A. 新录用进入税务局担任二级主任科员的公务员
    B. 经组织人事部门批准的其他新聘用人员
    C. 税务局内部转岗至新职位的在职员工
    D. 新录用进入税务局参照公务员法管理的事业单位人员

【解析】初任培训对象为新录用进入各级税务局（含参照公务员法管理的事业单位）担任一级主任科员以下及其他相当职级层次的公务员。其他新录（聘）用人员，按照干部管理权限经组织人事部门批准，也可以参加初任培训。选项 C 不属于新录用人员，因此不属于初任培训的对象。

【答案】C

36. 在税务系统的培训中，关于党风廉政必修课的设置，下列说法正确的是（　　）。
    A. 所有培训班无论时长，均须设置相同课时的廉政教育课程
    B. 培训时间在 7 天以下的，可安排 4 课时的廉政教育课程
    C. 培训时间在 16～30 天的，廉政教育课程不得少于 16 课时
    D. 综合类培训班无须特别设置廉政教育课程

【解析】基础类、综合类、领导干部类及 7 天以上（不含 7 天）的其他类培训班均要设置廉政教育课程。培训时间在 7 天以下的，可安排 4 课时；培训时间在 8～15 天的，安排 4～8 课时；培训时间在 16～30 天的，安排 8～12 课时；培训时间超过 30 天的，安排 12～16 课时。

【答案】B

37. 税务系统干部培训中，关于学风建设的规定不包括（　　）。
    A. 学员必须遵守学习纪律和廉洁自律规定
    B. 干部学习期间不得留公车驻校，也不得借用其他单位和个人的车辆"伴读"
    C. 学员参加学习期间，可以留一辆公车驻校，以应对突发状况
    D. 对违反规定的学员，视情节轻重予以约谈提醒、通报批评或责令退学

【解析】学员参加学习期间不得留公车驻校，也不得借用其他单位和个人的车辆"伴读"。

【答案】C

38. 负责学习兴税平台运维升级和安全保障的部门是（　　）。
    A. 税务总局教育中心
    B. 税务总局各司局
    C. 税务总局电子税务管理中心

D. 各省税务局

【解析】税务总局电子税务管理中心负责学习兴税平台的运维升级和安全保障。税务总局教育中心负责平台的制度建设及统筹、指导、协调工作,税务总局各司局负责各自条线的学习资源建设和管理,各省税务局负责本省范围内的应用管理等工作。

【答案】C

二、多项选择题

1. 选拔任用党政领导干部,必须坚持的原则有(　　)。
   A. 党管干部;德才兼备、以德为先,五湖四海、任人唯贤
   B. 事业为上、人岗相适、人事相宜
   C. 公道正派、注重实绩、群众公认
   D. 民主集中制;依法依规办事

【解析】根据《党政领导干部选拔任用工作条例》第二条规定,选拔任用党政领导干部,必须坚持下列原则:①党管干部;②德才兼备、以德为先,五湖四海、任人唯贤;③事业为上、人岗相适、人事相宜;④公道正派、注重实绩、群众公认;⑤民主集中制;⑥依法依规办事。

【答案】ABCD

2. 下列属于税务系统的领导职务的有(　　)。
   A. 县处级正职　　　　　B. 一级调研员
   C. 四级主任科员　　　　D. 乡科级正职

【解析】选项B、C是综合管理类公务员职级序列。

【答案】AD

3. 下列情形中,不得录用为公务员的有(　　)。
   A. 因犯罪受过刑事处罚的
   B. 被开除中国共产党党籍的
   C. 被依法列为失信联合惩戒对象的
   D. 被开除公职的

【解析】根据《中华人民共和国公务员法》第二十六条规定,下列人员不得录用为公务员:①因犯罪受过刑事处罚的;②被开除中国共产党党籍的;③被依法列为失信联合惩戒对象的;④被开除公职的;⑤有法律规定不得录用为公务员的其他情况的。

【答案】ABCD

4. 《中华人民共和国公务员法》规定可以越级晋升的条件包括(　　)。
   A. 表现特别优秀的公务员
   B. 资历深

C. 工作经验丰富
D. 工作特殊需要

【解析】根据《中华人民共和国公务员法》第四十五条规定，公务员领导职务应当逐级晋升。特别优秀的或者工作特别需要的，可以按照规定破格或者越级晋升。

【答案】AD

5. 公务员应受到以下（　　）方面的监督。
   A. 思想政治   B. 履行职责
   C. 作风表现   D. 遵纪守法

【解析】根据《中华人民共和国公务员法》第五十七条规定，机关应当对公务员的思想政治、履行职责、作风表现、遵纪守法等情况进行监督，开展勤政廉政教育，建立日常管理监督制度。

【答案】ABCD

6. 下列属于公务员奖励种类的有（　　）。
   A. 嘉奖   B. 升职
   C. 记一等功   D. 授予称号

【解析】对公务员、公务员集体的奖励分为：嘉奖、记三等功、记二等功、记一等功、授予称号。

【答案】ACD

7. 根据《中华人民共和国公务员法》，机关公务员申请提前退休的条件有（　　）。
   A. 工作年限满30年的
   B. 距国家规定的退休年龄不足5年，且工作年限满20年的
   C. 工作年限满20年的
   D. 国家公务员男年满60周岁

【解析】选项C，条件不充分；选项D，国家公务员男年满60周岁，可正常退休。

【答案】AB

8. 下列条件中，可以破格提拔的特别优秀干部的有（　　）。
   A. 在关键时刻或者承担急难险重任务中经受住考验、表现突出、做出重大贡献
   B. 在条件艰苦、环境复杂、基础差的地区或者单位工作实绩突出
   C. 艰苦边远地区、贫困地区急需引进的
   D. 在其他岗位上尽职尽责，工作实绩特别显著

【解析】选项C，不符题意。艰苦边远地区、贫困地区急需引进的，是因工作特殊需要破格提拔的干部的情形和条件。

【答案】ABD

9. 拓宽选人视野和渠道，党政领导干部（　　）。

A. 可以从党政机关选拔任用，也可以从党政机关以外选拔任用
B. 注意从企业、高等学校、科研院所等单位以及社会组织中发现选拔
C. 地方党政领导班子成员应当注意从担任过县（市、区、旗）、乡（镇、街道）党政领导职务的干部和国有企事业单位领导人员中选拔
D. 只从公务员和事业单位中选拔

【解析】根据《党政领导干部选拔任用工作条例》第十条规定，党政领导干部可以从党政机关选拔任用，也可以从党政机关以外选拔任用，注意从企业、高等学校、科研院所等单位以及社会组织中发现选拔。地方党政领导班子成员应当注意从担任过县（市、区、旗）、乡（镇、街道）党政领导职务的干部和国有企事业单位领导人员中选拔。

【答案】ABC

10. 根据《党政领导干部选拔任用工作条例》规定，民主推荐的形式包括（　　）。

A. 会议推荐　　　　　　B. 党组织直接推荐
C. 谈话调研推荐　　　　D. 个人署名推荐

【解析】根据《党政领导干部选拔任用工作条例》第十六条规定，选拔任用党政领导干部，应当经过民主推荐。民主推荐包括会议推荐和谈话调研推荐，推荐结果作为选拔任用的重要参考，在一年内有效。

【答案】AC

11. 选拔任用党政领导干部过程中，不得列为考察对象的情形有（　　）。

A. 群众公认度不高的
B. 配偶已移居国（境）外或者没有配偶，子女均已移居国（境）外的
C. 近三年年度考核结果中有被确定为称职以下等次的
D. 受到组织处理或者党纪政纪处分影响使用的

【解析】选项C，近三年年度考核结果中有被确定为基本称职以下等次的，不得列为考察对象。

【答案】ABD

12. 税务系统公务员交流的对象包括（　　）。

A. 需要通过交流锻炼提高领导能力的
B. 按照规定需要回避的
C. 各级税务机关主要负责人在同一地区任职满5年的
D. 担任内设机构领导职务的干部在同一职位上任职5年以上的

【解析】担任内设机构领导职务的干部在同一职位上任职5年以上的，原则上要实行轮岗；各级税务机关主要负责人在同一地区任职满10年的，应当交流。故选项C不

符题意。

【答案】ABD

13. 下列情形中，符合晋升乡科级领导职务最低任职年限条件的有（　　）。

    A. 任乡科级副职领导职务 2 年以上
    B. 任乡科级副职领导职务和三级、四级主任科员及相当层次职级累计 2 年以上
    C. 任三级、四级主任科员及相当层次职级累计 2 年以上
    D. 任四级主任科员及相当层次职级 2 年以上

【解析】根据《公务员职务、职级与级别管理办法》第九条规定，晋升乡科级领导职务的最低任职年限条件为：晋升乡科级正职领导职务的，应当任乡科级副职领导职务 2 年以上，或者任乡科级副职领导职务和三级、四级主任科员及相当层次职级累计 2 年以上，或者任三级、四级主任科员及相当层次职级累计 2 年以上，或者任四级主任科员及相当层次职级 2 年以上。因此，ABCD 全选。

【答案】ABCD

14. 任职试用期制度，是指对提拔担任党政领导职务的委任制干部实行一定时间的试用期。下列关于试用期制度的说法，正确的有（　　）。

    A. 有利于促进干部能上能下
    B. 任职试用期为一年。对特别优秀的年轻干部，任职试用期可以适当缩短
    C. 在干部任职试用期间，一般不宜调整任职干部的工作岗位，也不宜提任领导职务
    D. 经试用期满考核不合格的，应免去试任职务，并按试任前职级安排工作

【解析】任职试用期制度，是指对提拔担任党政领导职务的委任制干部实行一定时间的试用期。这有利于进一步全面考察识别干部，可以弥补干部任前考察的不足，在较长时间的实际工作中，更为全面、更客观地了解新提拔任职干部的德才素质；有利于促进干部能上能下，对在试用期间或试用期满经考核不合格的，可以按照有关规定，把不胜任工作的干部在任职初期就及时调整下来；《党政领导干部选拔任用工作条例》规定干部任职试用期为一年。试用期间因工伤、产假等特殊原因离岗超过半年的，可适当延长。试用期一般不能缩短，对试用期间工作出现重大失误或者犯有严重错误，不宜继续试用的，按照干部管理权限审批或者备案后，可以提前终止试用期；干部任职试用期间，一般情况下，不宜调整其工作岗位，也不宜提任领导职务。这是根据实行干部任职试用期制度的目的和要求，从有利于干部尽快适应领导工作和加强对领导干部的教育管理进行考虑作出的安排。

【答案】ACD

15. 干部人事档案是（　　）的重要基础。

A. 教育培养　　　　　　B. 选拔任用

C. 管理监督干部　　　　D. 评鉴人才

【解析】根据《干部人事档案工作条例》第三条规定，干部人事档案是教育培养、选拔任用、管理监督干部和评鉴人才的重要基础。

【答案】ABCD

16. 干部人事档案利用方式主要包括（　　）。

A. 查（借）阅　　　　　B. 复制

C. 摘录　　　　　　　　D. 拍照

【解析】根据《干部人事档案工作条例》第三十条规定，干部人事档案利用方式主要包括查（借）阅、复制和摘录等。

【答案】ABC

17. 到2025年，各省税务系统业务标兵总量达到全省税务干部人数的（　　），其中省局级与市局级业务标兵比例在（　　）左右，实现业务条线全覆盖并与各层级人才需求相匹配。

A. 10%；1∶3　　　　　B. 10%；1∶4

C. 15%；1∶3　　　　　D. 15%；1∶4

【解析】根据《税务系统业务标兵管理办法（试行）》规定，到2025年，全国税务系统业务标兵总量达到7万名左右，各省税务系统业务标兵总量达到全省税务干部人数的10%左右，其中省局级与市局级业务标兵比例在1∶3左右，实现业务条线全覆盖并与各层级人才需求相匹配。

【答案】A

18. 税务干部获得与税收工作相关的资格证书，可跨档报名参加业务能力升级测试。其中，获得以下（　　）证书能跨2档报名。

A. 注册会计师

B. 税务师

C. 法律职业资格

D. 阿里云ACE高级工程师

【解析】根据《税务系统业务能力升级管理办法》规定，获得财会类国家层面的证书，如注册会计师、税务师，法律类国家层面的证书，如法律职业资格证书，允许直接跨2档报考。2023年新修订的数字人事"1+9"制度体系中，新增了信息技术类行业公认层面的阿里云ACE高级工程师认证，允许跨2档。

【答案】ABCD

19. 根据《全国税务领军人才学员选拔办法（试行）》有关要求，与税收工作紧密相关的财经类一本大学包括（　　）。

A. 东北财经大学   B. 江西财经大学

C. 浙江财经大学   D. 山东财经大学

【解析】根据《全国税务领军人才学员选拔办法（试行）》有关要求，与税收工作紧密相关的财经类一本大学是指，东北财经大学、天津财经大学、江西财经大学、浙江财经大学、山东财经大学。

【答案】ABCD

20. 根据培训费相关管理办法，以下选项属于师资费的有（　　）。

    A. 授课老师讲课费

    B. 授课老师住宿费

    C. 授课老师伙食费

    D. 授课老师城市内交通费

【解析】根据《全国税务系统培训费管理办法》规定，师资费是指聘请师资授课发生的费用，包括授课老师讲课费、住宿费、伙食费、城市间交通费等。不含城市内交通费、设备租赁费。

【答案】ABC

21. 根据培训费相关管理办法，培训费中其他费用是指与培训有关的其他支出，具体包括（　　）。

    A. 现场教学费   B. 设备租赁费

    C. 办公用品费   D. 文体活动费

【解析】根据《全国税务系统培训费管理办法》规定，其他费用是指现场教学费、设备租赁费、文体活动费、医药费等与培训有关的其他支出。

【答案】ABD

22. 学习兴税平台是集（　　）等于一体的网络学习培训平台。

    A. 学习   B. 培训

    C. 测试   D. 评价

【解析】《应用学习兴税平台的指导意见（试行)》指出，学习兴税平台是集学习、培训、测试、评价、应用于一体的网络学习培训平台，是推进税务干部教育培训数字化的重要载体，是学习强国平台在税务系统的部门化拓展。

【答案】ABCD

23. 下列关于学习兴税平台日常学习表述正确的有（　　）。

    A. 日常学习分为必学必练和集中练习

    B. 日常学习内容包括党建知识、公共知识和专业知识

    C. 各条线日常学习必学课程年度累计不少于8门，必练习题年度累计不少于200道

D. 税务干部因公外派、出国（境）培训、系统外交流任职、因公离岗以及身体等其他原因脱离岗位半年以上的，经省（区、市）税务局教育培训主管部门批准，可不参加日常学习，该年度不纳入结果运用范围

【解析】根据《学习兴税平台日常学习管理办法》规定，日常学习指税务干部完成税务总局在学习兴税平台组织的必学知识学习，分为必学必练和集中练习，内容包括党建知识、公共知识和专业知识。税务总局各司局根据工作需要制定本条线年度必学必练计划，内容以专业知识为主，同时应当包含党建知识和公共知识相关课程和习题。其中，必学课程年度累计不少于8门，必练习题年度累计不少于200道。税务干部因公外派、出国（境）培训、系统外交流任职、因公离岗以及身体等其他原因脱离岗位半年以上的，经省（区、市）税务局教育培训主管部门批准，可不参加日常学习，该年度不纳入结果运用范围。

【答案】ABCD

24. 初任培训考核成绩的构成部分有（　　）。

　　A. 总局入职培训测试得分

　　B. 省局入职培训测试得分

　　C. 日常表现得分

　　D. 遵规守纪情况得分

【解析】根据《税务系统新录用公务员初任培训管理办法》规定，初任培训考核成绩构成：总局入职培训测试得分×40％＋省局入职培训测试得分×50％＋日常表现和遵规守纪情况得分×10％。

【答案】ABCD

25. 在组织开展培训中，下列做法错误的有（　　）。

　　A. 借培训名义安排公款旅游

　　B. 套取培训费设立"小金库"

　　C. 组织高消费娱乐健身活动

　　D. 使用培训费购置电脑、复印机、打印机、传真机等固定资产

【解析】根据《全国税务系统培训费管理办法》第十三条规定，严禁借培训名义安排公款旅游；严禁借培训名义组织会餐或安排宴请；严禁组织高消费娱乐健身活动；严禁使用培训费购置电脑、复印机、打印机、传真机等固定资产以及开支与培训无关的其他费用；严禁在培训费中列支公务接待费、会议费；严禁套取培训费设立"小金库"。

【答案】ABCD

26. 关于选拔任用党政领导干部需要具备的基本资格，说法正确的有（　　）。

　　A. 提任县处级领导职务的，应当具有5年以上工龄和2年以上基层工作经历

　　B. 一般应当具有大学专科以上文化程度

C. 应当具有正常履行职责的身体条件

D. 一般年龄要求在 45 岁以下

【解析】选拔任用党政领导干部需要具备的基本资格中，对工作经历、文化要求、培训经历、身体条件、其他要求等作了明确规定，但没有明确的年龄要求，具体参见《党政领导干部选拔任用工作条例》第八条。

【答案】ABC

27. 党政领导干部交流制度的主要目的包括（　　）。

   A. 进一步优化领导班子结构
   B. 提高领导干部的素质和能力
   C. 加强党风廉政建设
   D. 为了干部个人的职务晋升

【解析】党政领导干部交流制度的主要目的不是为了干部个人的职务晋升，而是为了优化领导班子结构、提高领导干部素质和能力、加强党风廉政建设等。

【答案】ABC

28. 党政领导干部任职、选拔任用回避制度的主要内容包括（　　）。

   A. 有亲属关系的党政领导干部不得在同一机关担任有直接上下级领导关系的职务
   B. 领导干部的配偶、子女不得在其任职的地区经营与其公共权力有直接关系的业务
   C. 担任县（市）委书记、县（市）长的领导干部，一般不得在本人成长地任职
   D. 领导干部的亲属在干部考察工作中，涉及本人亲属的，无须回避

【解析】选项 A，有亲属关系的党政领导干部不得在同一机关担任有直接上下级领导关系的职务。选项 B，虽然表述略有简化，但实质上反映了领导干部的亲属不得利用其职权谋取私利的原则，这在多个相关规定中都有所体现。选项 C，担任县（市）委书记、县（市）长的领导干部，一般不得在本人成长地任职。选项 D，根据相关规定，领导干部的亲属在干部考察工作中，涉及本人亲属的，必须回避。

【答案】ABC

29. 在干部选拔任用工作中，应当在事前向上级组织（人事）部门报告的情形有（　　）。

   A. 在机构变动或主要领导成员即将离任时提拔、调整干部的
   B. 领导干部的近亲属在领导干部所在单位（系统）内提拔任用的
   C. 集中调整干部数量较大的
   D. 破格提拔干部的

【解析】参见《干部选拔任用工作监督检查和责任追究办法》第十七条。选项 C，除领导班子换届外，一次集中调整干部数量较大或者一定时期内频繁调整干部的，应事前报告。

【答案】ABD

30. 干部人事档案管理中，确保档案完整性和安全性的重要措施有（   ）。
    A. 档案收集与整理　　　　B. 档案鉴定与保管
    C. 档案借阅与利用　　　　D. 档案销毁与移交

【解析】在干部人事档案管理中，多个环节共同确保档案的完整性和安全性。选项 A 是确保档案材料齐全、有序的基础。选项 B 是识别档案价值、保障档案长期保存的关键。选项 C 在严格控制下，也是档案管理的一部分，但属于合理利用而非直接保障完整性和安全性。选项 D 是档案管理周期的结束阶段，正确处理这些环节对于确保不再需要的档案安全销毁或合法移交至关重要。

【答案】ABD

31. 根据新时代税务人才工作目标，到 2025 年，税务人才工作将取得明显成效的有（   ）。
    A. 税务人才工作机制制度体系较为完备
    B. 形成具有国内一流水准的人才方阵
    C. 拥有硕士研究生以上学历学位人数占干部队伍人数的比例提高到 10% 左右
    D. 获得税务师、注册会计师、法律职业资格、软件工程师、系统架构师等资格证书总人数占干部队伍人数的比例提高到 10% 左右

【解析】以上所有选项都是到 2025 年税务人才工作的预期成效。

【答案】ABCD

32. 关于税务系统领军人才的培养，以下表述正确的有（   ）。
    A. 培养对象包括全国税务系统内具有较高政治业务素质、突出工作业绩和较大发展潜力的年轻干部
    B. 培养目标是在未来 10 年内将领军人才数量增加到 2000 名左右
    C. 税费业务类培养方向包括税收法制、税务风险评估、国际税收管理等多个专业领域
    D. 培养方向中的综合管理方向主要负责税务系统的综合行政管理工作

【解析】选项 B，领导人才的培养目标是到 2035 年，领军人才数量累计达到 2000 名左右，而非"在未来 10 年内"。

【答案】ACD

33. 关于"领军工程育俊才"的基层方案，下列表述正确的有（   ）。
    A. 该方案由税务总局统筹指导

B. 青年才俊的培养对象必须为正科级及以上干部

C. 青年才俊将接受税收执法服务监管一线的专业训练和岗位历练

D. 到 2025 年，青年才俊的数量目标为 1 万名左右

【解析】选项 B，青年才俊培养对象是副科级及副科级以下的优秀年轻干部。

【答案】ACD

34. 关于领军人才的实践锻炼，下列表述正确的有（   ）。

    A. 参与重大税收改革项目

    B. 担任重要职务

    C. 通过国际会议提升实践能力

    D. 挂职锻炼

【解析】以上所有选项都是领军人才实践锻炼的方式。

【答案】ABCD

35. 税务干部教育培训评估涉及的方面有（   ）。

    A. 干部教育培训机构的办学方针

    B. 培训项目的培训设计

    C. 干部的学习态度和表现

    D. 培训课程的教学效果

【解析】税务干部教育培训评估包括对干部教育培训机构、培训项目及培训课程的评估。选项 A 属于教育培训机构评估的内容。选项 B 属于培训项目评估的内容之一。选项 D 属于培训课程评估的内容。选项 C 是教育培训考核的内容，而非评估的内容。

【答案】ABD

36. 以下选项中属于税务干部教育培训教学指标的有（   ）。

    A. 税务总局党校主体班次中，党性教育课程比重不低于每学期总课时的 20%

    B. 税务院校主体班次中，案例式教学课程比重不低于每学期总课时的 30%

    C. 税务总局党校、省税务局党校举办的培训中，领导干部讲课课时占一定比例

    D. 集中培训时间必须全部用于课堂教学

【解析】选项 A 正确描述了税务总局党校主体班次中党性教育课程的比重。选项 C，税务总局党校、省税务局党校举办的培训中，领导干部讲课课时占有一定比例（不低于每学期总课时的 20%）。选项 B，税务院校主体班次中案例式教学的课程比重应不低于每学期总课时的 15%，而非 30%。选项 D，集中培训不仅限于课堂教学，还可能包括网络专题培训、集中宣讲、专题讲座等多种形式。

【答案】AC

37. 税务系统初任培训的考核标准通常包括（   ）。

A. 总局入职培训测试得分

B. 省级税务局入职培训测试得分

C. 日常出勤率

D. 日常表现和遵规守纪情况得分

【解析】税务系统初任培训的考核标准通常包括总局入职培训测试得分、省级税务局入职培训测试得分以及日常表现和遵规守纪情况得分。

【答案】ABD

38. 税务系统加强培训计划管理中，不被允许的做法有（   ）。

    A. 组织无实质内容的培训班

    B. 以培训名义召开会议或组织其他活动

    C. 在无培训资质的各类培训中心举办培训班

    D. 在高档宾馆、风景名胜区举办培训班

【解析】税务系统加强培训计划管理时，不允许组织无实质内容的培训班，也不允许以培训名义召开会议或组织其他活动。同样，不允许在无培训资质的各类培训中心、高档宾馆、风景名胜区举办培训班。

【答案】ABCD

三、判断题

1. 公务员的领导职务、职级与级别是确定公务员工资以及其他待遇的依据。（   ）

【解析】根据《中华人民共和国公务员法》第二十一条规定，公务员的领导职务、职级应当对应相应的级别。公务员领导职务、职级与级别的对应关系，由国家规定，它是确定公务员工资以及其他待遇的依据。

【答案】正确

2. 录用调研员职级层次的公务员，需采取公开考试、严格考察、平等竞争、择优录取的办法。（   ）

【解析】录用担任一级主任科员以下及其他相当职级层次的公务员，才需采取公开考试、严格考察、平等竞争、择优录取的办法。

【答案】错误

3. 公务员定期考核的结果分为优秀、称职、基本称职三个等次。（   ）

【解析】公务员定期考核的结果分为优秀、称职、基本称职和不称职四个等次。

【答案】错误

4. 公务员因工作需要在机关外兼职，应当经有关机关批准，其领取的兼职报酬不得高于在关系所在单位薪酬。（   ）

【解析】根据《中华人民共和国公务员法》第四十四条规定，公务员因工作需要在机关外兼职，应当经有关机关批准，并不得领取兼职报酬。

【答案】错误

5. 公务员在受处分期间有悔改表现，并且没有再发生违纪违法行为的，处分期满后自动解除。（　　）

【解析】公务员在受处分期间有悔改表现，并且没有再发生违纪违法行为的，处分期满后自动解除。受开除的处分除外。

【答案】错误

6. 公务员不得在其配偶、子女及其配偶经营的企业、营利性组织的行业监管或者主管部门任职。（　　）

【解析】公务员不得在其配偶、子女及其配偶经营的企业、营利性组织的行业监管或者主管部门担任领导成员。

【答案】错误

7. 选拔任用党政领导干部，必要时可以民主推荐。民主推荐包括谈话调研推荐和会议推荐，推荐结果作为选拔任用的重要参考，在1年内有效。（　　）

【解析】选拔任用党政领导干部，应当经过民主推荐。民主推荐包括谈话调研推荐和会议推荐，推荐结果作为选拔任用的重要参考，在1年内有效。

【答案】错误

8. 就税务系统而言，应当报告个人有关事项的领导干部，是指税务总局机关及直属事业单位担任领导职务和非领导职务的科级副职以上（含科级副职）的干部。（　　）

【解析】应该是处级副职以上（含处级副职）的干部。

【答案】错误

9. 同一领导班子成员不得在同一时间段内安排因私出国（境）。（　　）

【解析】略

【答案】正确

10. 在职厅局级、处级干部，退（离）休厅局级干部和退休3年（含）以内的处级干部的因私出国（境）证件均要交由所在单位人事部门集中保管。（　　）

【解析】略

【答案】正确

11. 组织人事部门应当明确负责干部人事档案工作的机构，每管理100卷档案一般应当配备1名专职工作人员。（　　）

【解析】应为每管理1000卷档案一般配备1名专职工作人员。

【答案】错误

12. 干部人事档案坚决不得外借。( )

【解析】干部人事档案一般不予外借，确因工作需要借阅的，借阅单位应当履行审批手续，在规定时限内归还。

【答案】错误

13. 晋升处级、科级领导职务的人员必须参加相应的初任培训。( )

【解析】税务总局关于贯彻《干部教育培训工作条例》相关实施办法规定，晋升处级、科级领导职务的人员必须参加相应的任职培训。同时规定，税务机关新录用干部必须参加初任培训。

【答案】错误

14. 业务能力升级测试具有自愿参与，自学为主、助学为辅的特点。( )

【解析】业务能力升级工作遵循的基本原则包括：一是参与自主化。税务干部以自愿参与、自学为主方式参加业务能力升级学习和测试。二是助学多样化。积极拓宽辅助税务干部提升业务能力的学习、培训渠道，为助学促学提供良好平台和资源。因此，题干说法是正确的。

【答案】正确

15. 税务干部可以根据自己的意愿选择业务能力升级考试报考类别和档次。

( )

【解析】根据《税务系统业务能力升级管理办法》规定，税务干部可以根据自己的意愿选择业务能力升级考试报考类别，但档次不是随意报考，要在首次套档基础上，一档一档往上报考，或者按规定跨档报名。取得业务能力一定专业类别级档后，报名参加其他类别业务能力升级测试的，应从本人已取得专业类别级档的相同级档或者较低级档考起，不得直接报考更高级档。

【答案】错误

16. 业务能力很高的干部可以越级参加领导胜任力测试。( )

【解析】业务能力测试和领导胜任力测试，是两个不同维度的测试，业务能力高不能越级参加领导胜任力测试。

【答案】错误

17. 为帮助干部以练促学、以学促用，鼓励干部积极参加日常练习，对学习兴税平台中日常练习不设指标要求。( )

【解析】《应用学习兴税平台的指导意见（试行）》指出，积极组织干部开展日常练习和定期测试，以练促学、以学促用，推进岗位练兵日常化。日常练习不设指标要求，不计学时学分。

【答案】正确

18. 税务系统兼职教师应具备的基本条件之一是年度考核称职以上，近两年个人绩

效至少有 1 个一段。（   ）

【解析】兼职教师应具备的条件之一是年度考核称职以上，近三年个人绩效至少有 1 个一段。

【答案】错误

19. 公务员参加脱产培训情况应当记入公务员年度考核登记表，参加 2 个月以上的脱产培训情况应当记入干部任免审批表。（   ）

【解析】根据《公务员培训规定》第三十二条规定，公务员参加脱产培训情况应当记入公务员年度考核登记表，参加 2 个月以上的脱产培训情况应当记入干部任免审批表。

【答案】正确

20. 在培训执行中经批准临时增加的培训项目的费用，提供单位分管教育培训工作的局领导的审批材料即可报销。（   ）

【解析】根据《税务系统培训费管理办法》规定，执行中经单位主要负责同志批准临时增加的培训项目，还应提供单位主要负责同志审批材料。

【答案】错误

21. 学习兴税平台的练习测试支持随机抽题组卷和固定试卷等多种组卷模式。（   ）

【解析】学习兴税平台支持随机抽题组卷和固定试卷等多种组卷模式。

【答案】正确

22. 用户初次登录学习兴税平台需要通过手机短信验证码方式进行账号激活。（   ）

【解析】用户初次登录学习兴税平台需要通过手机短信验证码方式进行账号激活。

【答案】正确

23. 税务总局统一组织编写适合税务系统初任培训的教材。各省级、市级税务局可以补充其他辅导资料。（   ）

【解析】根据《税务系统新录用公务员初任培训管理办法》第二十七条规定，税务总局统一组织编写适合税务系统初任培训的教材。各省级税务局可以补充其他辅导资料。

【答案】错误

24. 业务标兵因工作岗位调整，所在业务条线发生变化时，不能转为新岗位所属条线业务标兵。（   ）

【解析】根据《税务系统业务标兵管理办法（试行）》第十二条规定，业务标兵因工作岗位调整，所在业务条线发生变化时，可结合工作岗位相关性，转为新岗位所属条线业务标兵。

【答案】错误

25. 税务领军人才的培养实行淘汰机制。根据考核成绩逐段淘汰，总淘汰率不低于10%。（ ）

【解析】略

【答案】正确

26. 选拔任用党政领导干部时，只要干部具备大学专科以上文化程度，就可以认为其满足了文化要求的基本资格，无须考虑其他因素。（ ）

【解析】虽然选拔任用党政领导干部时，文化要求一般应当具有大学专科以上文化程度，但这并不是唯一的考量因素。特别是对于厅局级以上领导干部，一般要求具有大学本科以上文化程度。此外，文化要求还应结合干部的实际工作能力和专业素养来综合评估，不能仅凭学历高低来判断。

【答案】错误

27. 党政领导干部选拔任用程序中，民主推荐的结果在一年内始终有效，且作为选拔任用的唯一依据。（ ）

【解析】民主推荐的结果在一年内有效，并作为选拔任用的重要参考，而不是唯一依据。选拔任用党政领导干部还需要综合考虑其他因素，如平时考核、年度考核、一贯表现和人岗相适等情况。

【答案】错误

28. 党政领导干部在同一职位上任职满10年，必须进行交流，这一规定适用于所有级别的党政领导干部。（ ）

【解析】地方党委和政府领导成员在同一职位上任职满10年必须进行交流，并不适用于所有级别的党政领导干部。具体规定可能因职位、级别和地区等因素而有所不同。

【答案】错误

29. 党政领导干部选拔任用过程中，所有提拔任用事项都必须事先向上一级组织（人事）部门报告并批复同意后方可进行。（ ）

【解析】党政领导干部选拔任用过程中确实存在需要向上一级组织（人事）部门报告并批复同意的情形，但并非所有提拔任用事项都必须如此。有些情况可能只需要在作出决定前征求上一级组织（人事）部门的意见。

【答案】错误

30. 领导干部每年必须集中报告一次上一年度的个人有关事项，并对报告内容的真实性、完整性负责。（ ）

【解析】根据《领导干部报告个人有关事项规定》，领导干部应当于每年1月31日前集中报告一次上一年度本规定所列事项，并对报告内容的真实性、完整性负责，自觉接受监督。

【答案】正确

31. 在"领军工程育俊才"的基层方案中，青年才俊的培养侧重于理论知识的提升，而非实践经验的积累。（　　）

【解析】"领军工程育俊才"的基层方案指出，有计划地安排青年才俊到税收执法服务监管一线进行专业训练和岗位历练，增强解决实际问题的能力。这表明青年才俊的培养重点是实践经验的积累和解决实际问题的能力，而非单纯的理论知识提升。

【答案】错误

32. 领军人才选拔中的预录取环节，笔试和面试成绩合计占预录取总成绩的70%。（　　）

【解析】领军人才选拔预录取成绩由资格审查、推荐、素质和业绩评价、笔试、面试和考察等部分组成，其中笔试和面试成绩分别占预录取成绩的35%，合计占70%。

【答案】正确

四、简答题

1. 简述公务员不得辞去公职的几种情形。

【答案】公务员有下列情形之一的，不得辞去公职：①未满国家规定的最低服务年限的；②在涉及国家秘密等特殊职位任职或者离开上述职位不满国家规定的脱密期限的；③重要公务尚未处理完毕，且须由本人继续处理的；④正在接受审计、纪律审查、监察调查，或者涉嫌犯罪，司法程序尚未终结的；⑤法律、行政法规规定的其他不得辞去公职的情形。

2. 请谈谈对学习兴税平台的认识。

【答案】应从以下方面进行阐述：学习兴税平台是集学习、培训、测试、评价、应用于一体的网络学习培训平台，是推进税务干部教育培训数字化的重要载体，是学习强国平台在税务系统的部门化拓展。建设学习兴税平台是税务总局党委贯彻落实习近平新时代中国特色社会主义思想和习近平总书记关于税收工作重要论述的重要举措，是运用先进理念和技术改进税务系统学习培训、提高教育培训质效的积极探索。应用学习兴税平台有利于提高税务干部学习的便利度和成效，促进及时跟进学、持续反复学，进一步坚定信仰、信念和信心；有利于促进教育培训变革发展，建设学习型税务机关，引导税务干部好学向上、岗位成才；有利于促进税务干部学以致用、工学相长，推动党中央、国务院决策部署及税务总局工作要求快速落实，加快推进税收现代化建设。

3. 简述学习兴税平台在税务系统中的作用和意义。

【答案】应从以下方面进行阐述：

（1）促进知识共享和学习型组织建设：通过网络平台，可以方便快捷地分享和学习最新的税收政策、法律法规以及专业知识，帮助税务干部不断提升业务能力和综合素质。

（2）提高培训效率和质量：学习兴税平台可以实现个性化、差异化的培训内容，满足不同岗位、不同层级税务干部的学习需求，从而提高培训的针对性和有效性。

（3）强化考核和激励机制：通过日常学习和测试，可以对税务干部的学习情况进行跟踪和评估，为晋升和选拔优秀干部提供客观依据，从而强化考核和激励机制。

（4）推动税务系统的数字化转型：学习兴税平台的应用是税务系统数字化转型的重要组成部分，它促进了信息技术与教育培训的深度融合，提高了税务工作的智能化水平。

（5）加强税务文化建设：通过学习兴税平台，可以传播税务文化价值观，增强税务干部的归属感和认同感，促进税务系统的凝聚力和向心力。

综上所述，学习兴税平台在税务系统中扮演着至关重要的角色，它不仅是提升税务干部个人能力的重要工具，也是推动整个税务系统持续进步和发展的重要动力。

五、案例题

1. 某市税务局拟组织开展一期学习贯彻党的二十大精神专题培训班。该培训未列入年度培训计划。参训人员为各县（区）税务局、市局机关各部门及派出机构主要负责人，共计45人，培训时间为3天。省委党校李教授（正高级技术职称）受邀授课1天（上午和下午）。市委党校承办本次培训任务，承担教学和学员管理工作。市局教育部门派人跟班。

依据上述材料，请回答如下问题：

（1）市局教育部门启动该培训项目，需要履行的报批程序是（　　）。（单选）

  A. 报市局分管教育工作的局领导批准

  B. 报市局分管财务工作的局领导批准

  C. 报市局分管党建工作的局领导批准

  D. 报市局主要负责人批准

【解析】根据《全国税务系统培训项目管理办法》第十一条规定，因工作需要确需临时增加培训项目的，需经单位主要负责同志审批。

【答案】D

（2）按照税务系统培训费管理办法，李教授可取得的最高课酬为（　　）元。（单选）

A. 4000 B. 6000
C. 8000 D. 12000

【解析】根据《全国税务系统培训费管理办法》，讲课费（税后）标准为正高级技术职称专业人员每学时最高不超过 1000 元，每半天最多按 4 学时计算。

【答案】C

（3）除必要的现场教学外，该培训班不得安排的活动有（　　）。（多选）

　　A. 参观市博物馆
　　B. 考察市政务中心
　　C. 调研某科技企业
　　D. 赴廉政教育基地学习

【解析】7 日以内的培训不得组织调研、考察、参观。

【答案】ABC

（4）下列关于跟班管理的说法，正确的有（　　）。（多选）

　　A. 跟班管理员的职责是负责脱产培训项目的跟踪管理
　　B. 市局教育部门最多可以派出 5 人跟班
　　C. 跟班管理员可以参与课程评估
　　D. 跟班管理员的相关费用纳入培训费

【解析】根据《全国税务系统培训项目管理办法》第六条规定，跟班管理员负责脱产培训项目的跟踪管理。跟班管理员视同参训学员，相关费用纳入培训费。选项 AD 正确。根据《税务系统贯彻〈干部教育培训工作条例〉实施办法》规定，健全由学员、教师、跟班管理人员、教学管理部门等多方参与的评估机制，课程评估的内容包括教学态度、教学内容、教学方法、教学效果等。选项 C 正确。根据《全国税务系统培训费管理办法》规定，组织培训的工作人员控制在参训人员数量的 10% 以内，最多不超过 10 人。选项 B 错误。

【答案】ACD

（5）本次培训属于的培训类别有（　　）。（多选）

　　A. 政治纪律和政治规矩教育
　　B. 干部专业化能力提升教育
　　C. "一把手"政治能力提升教育
　　D. 习近平新时代中国特色社会主义思想教育

【解析】略

【答案】CD

2. 某市税务局计划组织一次为期 10 天的中层干部培训班，以提升干部的业务能力和党风廉政建设意识。请根据税务系统规范培训组织实施的要求,分析并设计该培训班的组织与实施方案。

要求:

(1) 阐述培训需求分析的重要性,并简要说明如何进行培训需求分析。

(2) 设计培训项目实施方案,包括培训目标、培训内容、培训形式、教学方法等。

(3) 明确党风廉政必修课的课时安排。

(4) 提出培训效果评估的方法,并说明如何根据评估结果改进培训工作。

(5) 分析教育培训主管部门在培训实施过程中的监督职责。

【答案】

(1) 培训需求分析是确保培训针对性和有效性的关键步骤。通过需求分析,可以明确参训干部在业务能力、知识结构和党风廉政建设方面存在的差距和不足,为制定科学合理的培训方案提供依据。需求分析可以通过问卷调查、访谈、座谈会等方式进行,收集干部的实际需求和期望。

(2) 培训项目实施方案:

①培训目标:提升中层干部的业务能力、管理水平和党风廉政建设意识,促进工作效能和廉洁自律。

②培训内容:围绕税收政策法规、业务操作流程、管理技能、党风廉政建设等方面设计课程,确保内容丰富、实用。

③培训形式:采用集中授课、分组讨论、案例分析、模拟演练等多种形式,增强学习的互动性和实践性。

④教学方法:运用讲授法、讨论法、角色扮演法等多种教学方法,提高培训的吸引力和有效性。

(3) 培训时间为 10 天,应安排 4~8 课时的廉政教育课程。具体可根据实际情况灵活调整,确保廉政教育内容得到充分覆盖。

(4) 综合运用问卷调查、学员反馈、考试考核等多种方式进行评估。通过收集学员对培训内容、教学方法、培训效果等方面的意见和建议,汇总分析考评情况,找出存在的问题和不足。根据评估结果,及时调整培训方案,改进培训工作。

(5) 教育培训主管部门应对培训实施情况进行全程监督,确保培训计划和项目得到严格执行。应加强对培训教学和学员选派工作的管理及审核监督,防止出现不按照规定选派学员、违规安排考察、违规收费等问题。同时,督促培训机构和主办单位认真总结经验教训,不断优化培训流程和方法,提高培训质量和效果。

错题、要点整理页

第四章 监督管理

>> **本章知识框架**

节	细目	知识点	学习进度
纪检工作	纪检机关的职能定位	【知识点】职能定位	
	税务系统省以下纪检机构主要职责	【知识点1】协助推进责任	
		【知识点2】监督检查责任	
		【知识点3】纪律审查责任	
		【知识点4】问责追究责任	
	税务系统信访举报的处理	【知识点1】信访举报受理	
		【知识点2】线索处理方式	
	税收违法案件"一案双查"	【知识点1】"一案双查"的概念和范围	
		【知识点2】"一案双查"的办理	
		【知识点3】"一案双查"的处理	
	关于加强对"一把手"和领导班子的监督	【知识点】对"一把手"和领导班子的监督	
	税务系统一体化综合监督体系	【知识点】"1+1+5+N"总体框架	
巡视巡察工作	新时代巡视工作要求	【知识点】巡视的工作定位、基本概念、根本任务、工作方针、基本原则	
	税务系统的巡视巡察工作要求	【知识点1】税务系统巡视巡察工作的基本原则	
		【知识点2】巡视巡察工作程序	

续表

节	细目	知识点	学习进度
巡视巡察工作	税务系统的巡视巡察工作要求	【知识点3】税务系统巡视巡察工作"双闭环"管理	
		【知识点4】巡视巡察成果运用	
		【知识点5】税务系统巡视巡察"四个落实"和"三个聚焦"	
		【知识点6】巡视巡察方式	
督察内审工作	督察内审概述	【知识点1】督察内审的职能定位	
		【知识点2】督察内审部门的主要职责	
		【知识点3】督察内审部门工作职权	
		【知识点4】督察内审工作的组织开展	
	内部审计	【知识点1】内部审计概述	
		【知识点2】税务系统内部审计概述	
		【知识点3】税务系统领导干部经济责任审计	
	税收执法考评与过错责任追究	【知识点1】税收执法考评	
		【知识点2】税收执法考核	
		【知识点3】税收执法过错责任追究	
		【知识点4】税收执法质量评价与结果运用	
		【知识点5】追究结果的申诉	
		【知识点6】依法履职免责内容	
税务系统内部控制	税务系统内部控制	【知识点1】税务系统内部控制的含义	
		【知识点2】税务系统内控机制建设的总体框架	
		【知识点3】税务系统内部控制的内容	
		【知识点4】风险定级和控制方法管理	

>> 习题演练

一、单项选择题

1. 省以下纪检部门一年应至少会同本级党委专题研究（　　）次党风廉政建设和反腐败工作。

A. 1　　　　　　　　　　　B. 2
C. 4　　　　　　　　　　　D. 12

【解析】省以下纪检机构每半年至少会同本级党委专题研究 1 次党风廉政建设和反腐败工作。

【答案】B

2. 小王在某市税务局从事信访举报管理工作，下列做法正确的是（　　）。
   A. 将信访举报材料转给被举报人
   B. 在无保密措施的载体上存储、传递、处理信访举报件
   C. 为了进一步了解情况参加举报人的宴请
   D. 严格保密上级部门对信访举报件的批示

【解析】从事信访举报管理工作的人员不得将信访举报材料转给被举报人，不得在无保密措施的载体上存储、传递、处理信访举报件，不得泄露上级部门和有关领导对信访举报件的批示，不得接受举报人、被举报人及有关单位和人员的宴请。

【答案】D

3. 某税务局安排信访接待值班人员，根据规定，接待来访工作人员不得少于（　　）人。
   A. 2　　　　　　　　　　　B. 3
   C. 4　　　　　　　　　　　D. 5

【解析】接待来访工作人员不得少于 2 人。

【答案】A

4. 下列关于开展"一案双查"，说法错误的是（　　）。
   A. 一般先由稽查部门实施税务检查，检查结束后，将检查结果通报纪检部门
   B. 违纪违法线索具体的，稽查部门和纪检部门可组成联合检查组，同时进行检查、调查
   C. 纪检部门不可以提前介入稽查部门正在查处的税收违法案件
   D. 上级纪检部门可以根据具体工作情况要求下级纪检部门开展"一案双查"

【解析】"一案双查"的办理规定：稽查部门在税收违法案件检查中，可以提请纪检部门提前介入。

【答案】C

5. 对本单位制定的财务管理各环节控制制度是否健全、合理，有无与上级制度相悖的现象的审计，属于（　　）审计。
   A. 财务内部控制　　　　　　B. 财务收支
   C. 预算管理　　　　　　　　D. 固定资产管理

【解析】财务内部控制审计，重点审计各项制度的制定与执行情况，包括本单位制

定的财务管理各环节控制制度是否健全、合理，有无与上级制度相悖的现象。

【答案】A

6. 要坚持和完善领导干部报告个人有关事项制度，推进"一把手"个人有关事项在（　　）中公开工作。

A. 领导班子 B. 党组织
C. 全体党员 D. 全体干部

【解析】根据《中共中央关于加强对"一把手"和领导班子监督的意见》规定，推进"一把手"个人有关事项在领导班子中公开工作。

【答案】A

7. 某市税务局纪检组长王某在党委会上发现"一把手"局长刘某在选人用人上违反决策程序，提出不同意见后，刘某未予采纳。王某应采取的措施是（　　）。

A. 保留个人意见
B. 向省局纪检组反映
C. 以维护班子团结为先
D. 与其他班子成员一同劝阻

【解析】根据《中共中央关于加强对"一把手"和领导班子监督的意见》规定，纪委书记、派驻纪检监察组组长发现"一把手"违反决策程序的问题，应当及时提出意见，对纠正不力的要向上级纪委、派出机关反映。王某应向省局纪检组反映。

【答案】B

8. 税务系统纪检部门发现或收到反映本级领导班子及其成员的问题线索和线索处置情况，应及时向（　　）报告。

A. 同级党委 B. 党委书记
C. 纪检监察负责人 D. 上级纪检部门

【解析】发现或收到反映本级领导班子及其成员的问题线索和线索处置情况，应及时向上级纪检监察机构报告。

【答案】D

9. 某一党员领导干部，因违纪受到留党察看两年处分。根据《中国共产党纪律处分条例》的规定，在留党察看处分期间，他应该拥有的权利是（　　）。

A. 表决权 B. 选举权
C. 被选举权 D. 申诉权

【解析】根据《中国共产党纪律处分条例》规定，其拥有申诉权。

【答案】D

10. 某市税务局局长张某（党员）因严重违纪受到留党观察两年处分。一年内，有关部门又查清张某违反廉洁纪律，根据《中国共产党纪律处分条例》规定，对张某应当给予（　　）。

　　A. 开除党籍处分　　　　B. 延长一年察看期

　　C. 延长两年察看期　　　D. 撤销党内职务

【解析】根据《中国共产党纪律处分条例》规定，党员受留党察看处分期间，坚持不改或者又发现其他应当受到党纪处分的违纪行为的，应当开除党籍。对张某应当给予开除党籍处分。

【答案】A

11. 根据《关于加强巡视整改和成果运用的意见》规定，承担巡视整改主体责任的是（　　）。

　　A. 派出巡视组的党组织

　　B. 被巡视党组织

　　C. 被巡视党组织主要负责人

　　D. 被巡视党组织巡视职能部门

【解析】根据《关于加强巡视整改和成果运用的意见》规定，被巡视党组织承担巡视整改主体责任。

【答案】B

12. 税务系统党的基层组织日常监督的对象是其所教育、管理、服务的全体党员、干部和其他工作人员，重点是（　　）。

　　A. 预备党员　　　　　　B. 重点岗位党员

　　C. 党员领导干部　　　　D. 流动党员

【解析】根据《关于构建税务系统一体化综合监督体系的意见》规定，税务系统党的基层组织日常监督的对象是党员领导干部。

【答案】C

13. 构建税务系统一体化综合监督体系，起主导作用的是（　　）。

　　A. 党委全面监督

　　B. 党的基层组织日常监督

　　C. 部门职能监督

　　D. 纪检专责监督

【解析】根据《关于构建税务系统一体化综合监督体系的意见》规定，构建税务系统一体化综合监督体系，起主导作用的是党委全面监督。

【答案】A

14. 党委书记应当履行的本单位全面从严治党责任是（　　）。

　　A. 主要职责　　　　　　B. 领导职责

　　C. 重要职责　　　　　　D. 第一责任人职责

【解析】根据《党委（党组）落实全面从严治党主体责任规定》规定，党委（党组）书记应当履行本地区本单位全面从严治党第一责任人职责。

【答案】D

15. 2023年底，某市税务局在对领导班子述职述廉测评中发现某副局长廉政测评中"差"得票率达到总票数的40%。按照相关规定应对其进行（　　）。

　　A. 警告处分　　　　　　B. 严重警告处分
　　C. 谈话提醒　　　　　　D. 问责

【解析】对廉政测评中"差"得票率达到30%以上的，应由上一级税务机关的纪检组组长对其进行谈话提醒或诫勉谈话。

【答案】C

16. 税务部门要针对（　　）对风险进行评估，确定风险等级，建立风险指标体系和风险信息库。
　　①岗位的重要程度
　　②事项的重要程度
　　③自由裁量权的大小
　　④违规违纪行为发生的概率和危害程度
　　A. ①②④　　　　　　　B. ①③④
　　C. ②③④　　　　　　　D. ①②③④

【解析】税务部门要在排查廉政风险基础上，针对事项或环节的重要程度、自由裁量权的大小、违规违纪行为发生的概率和危害程度，对风险进行评估，确定风险等级，建立风险指标体系和风险信息库。

【答案】C

17. 下列关于督察内审部门的工作职权的说法中，错误的是（　　）。

　　A. 要求被督察审计单位按时提供与督察审计事项相关的资料

　　B. 对督察审计事项中的问题，向有关单位和人员开展调查和询问

　　C. 对督察审计过程中发现的严重违法违规和严重损失浪费等行为，可直接作出制止决定

　　D. 对督察审计中发现的违法、违规及管理不规范行为提出纠正、处理意见及改进管理的建议

【解析】对督察审计过程中发现的严重违法违规和严重损失浪费等行为，报经税务机关负责人批准后，可作出临时制止决定。

【答案】C

18. 下列属于给全体党员列出负面清单的党内法规是（　　）。
　　A.《中国共产党廉洁自律准则》

B.《中国共产党纪律处分条例》

C.《中国共产党问责条例》

D.《中国共产党巡视工作条例》

【解析】《中国共产党纪律处分条例》是给全体党员列出负面清单的党内法规。

【答案】B

19. （　　）是形成督察审计结论的基础。

　　A. 采集和分析数据

　　B. 现场督审获取信息

　　C. 审查分析资料

　　D. 收集督察审计证据

【解析】收集督察审计证据是形成督察审计结论的基础。

【答案】D

20. 督察内审部门对督察审计发现的重大问题和性质严重问题，根据集体审理会议决议，移交人事、监察和稽查等部门处理。问题移交是督察内审（　　）的要求。

　　A. 准备阶段　　　　　　B. 实施阶段

　　C. 报告阶段　　　　　　D. 整改阶段

【解析】问题移交是督察内审报告阶段的要求。

【答案】C

21. 督察内审部门的职能定位体现于税收工作的事前、事中、事后三个环节。其中，事中环节是指（　　）。

　　A. 通过组织开展内控机制建设，促进内控内生化，对税收管理提出意见、建议

　　B. 通过督察中央决策部署、税务总局工作部署的贯彻落实情况，督促税收政策落实到位

　　C. 通过开展执法督察、内部审计，对执法机关与执法人员进行监督考核评价

　　D. 督促被监督单位及时整改、落实责任，同时对接并配合协调外部监督，化解风险问题，促进内部管理

【解析】这里的"事中"环节，是指通过督察中央决策部署、税务总局工作部署的贯彻落实情况，督促税收政策落实到位。

【答案】B

22. 关于巡视责任，《中国共产党巡视工作条例》明确了"三个第一责任人"，其中落实巡视监督责任"第一责任人"是（　　）。

　　A. 党委书记

　　B. 巡视工作领导小组组长

C. 巡视组组长

D. 巡视组工作人员

【解析】"三个第一责任人"即：党委书记是巡视工作第一责任人，巡视工作领导小组组长是组织实施巡视工作主要责任人，巡视组组长是落实巡视监督责任第一责任人。

【答案】C

23. 纪检部门在接到稽查部门转交的问题线索后，决定是否受理的期限是（　　）。

  A. 1日　　　　　　　　　B. 3日

  C. 5日　　　　　　　　　D. 7日

【解析】纪检部门在接到稽查部门转交的问题线索后，应当在5个工作日内决定是否受理。

【答案】C

24. 形成督察审计结论的基础是（　　）。

  A. 采集和分析数据

  B. 现场督审获取信息

  C. 审查分析资料

  D. 收集督察审计证据

【解析】收集督察审计证据是形成督察审计结论的基础。

【答案】D

25. 税务人员受到处分的，对处分决定不服，可以依照有关规定采取的行为是（　　）。

  A. 申请复核　　　　　　　B. 申请复议

  C. 向上级机关检举　　　　D. 提起诉讼

【解析】根据《中华人民共和国公务员法》和《公务员申诉规定（试行）》有关规定，税务机关公务员和税务机关任命的其他人员对主管机关作出的行政处分决定不服或有异议的，可以自知道该处理之日起30日内向原处理机关申请复核，对复核结果不服的，可以自接到复核决定之日15日内，按照规定向作出该处理决定的机关的上一级机关提出申诉；也可以不经复核，自知道该处理之日起30日内直接提出申诉。

【答案】A

26. 2024年4月，李某（党员）因故意犯罪被法院判刑1年，缓刑1年，其所在党组织应给予李某的处分是（　　）。

  A. 留党察看2年　　　　　B. 撤销党内职务

  C. 开除党籍　　　　　　　D. 严重警告

【解析】根据《中国共产党纪律处分条例》第三十四条规定，党员因故意犯罪被依法判处刑法规定的主刑（含宣告缓刑）的，应当给予开除党籍处分。

【答案】C

27. 党员领导干部违反有关规定组织、参加自发成立的老乡会、校友会、战友会等，属于违反（　　）。

  A. 政治纪律   B. 组织纪律

  C. 群众纪律   D. 生活纪律

【解析】根据《中国共产党纪律处分条例》第七章对违反组织纪律行为的处分第八十二条规定，党员领导干部违反有关规定组织、参加自发成立的老乡会、校友会、战友会等，情节严重的，给予警告、严重警告或者撤销党内职务处分。

【答案】B

28. 2024年初，某市税务局党委书记、局长刘某发现该局副局长陈某在作风、纪律方面存在一些苗头性、倾向性问题。按照《中国共产党党内监督条例》有关规定，刘某应当采取的处理方式是（　　）。

  A. 及时对陈某进行诫勉谈话

  B. 及时向上级党组织进行汇报

  C. 及时对陈某进行批评教育

  D. 及时对陈某进行提醒谈话

【解析】根据《中国共产党党内监督条例》规定，坚持党内谈话制度，认真开展提醒谈话、诫勉谈话。发现领导干部有思想、作风、纪律等方面苗头性、倾向性问题的，有关党组织负责人应当及时对其提醒谈话；发现轻微违纪问题的，上级党组织负责人应当对其诫勉谈话，并由本人作出说明或者检讨，经所在党组织主要负责人签字后报上级纪委和组织部门。

【答案】D

29. 各级党组织在决定或批准开除党员党籍的时候，应当全面研究有关材料和意见，应采取（　　）的态度。

  A. 十分慎重   B. 从快从严

  C. 从重从严   D. 适当从严

【解析】根据《中国共产党章程》规定，各级党组织在决定或批准开除党员党籍的时候，应当全面研究有关的材料和意见，采取十分慎重的态度。

【答案】A

30. 党员领导干部不重视家风建设，对配偶、子女及其配偶失管失教，情节严重的，应当给予的处分是（　　）。

  A. 开除党籍   B. 撤销党内职务

C. 留党察看 D. 严重警告

【解析】根据《中国共产党纪律处分条例》规定，党员领导干部不重视家风建设，对配偶、子女及其配偶失管失教，造成不良影响或者严重后果的，给予警告或者严重警告处分；情节严重的，给予撤销党内职务处分。

【答案】B

31. 党员领导干部的作风问题本质上是（   ）。
    A. 素质问题　　　　　　　　B. 人性问题
    C. 党性问题　　　　　　　　D. 家风问题

【解析】2014年3月，习近平总书记在视察兰考时强调："作风问题本质上是党性问题。抓作风建设，就要返璞归真、固本培元，重点突出坚定理想信念、践行根本宗旨、加强道德修养。"

【答案】C

32. 为贯彻落实党中央关于全面从严治党要求，严明党的政治纪律和政治规矩，完善从严管理干部队伍制度体系，着力解决为官不正、为官不为、为官乱为等问题，中共中央办公厅印发的文件是（   ）。
    A.《党政领导干部选拔任用工作条例》
    B.《关于县以下机关建立公务员职务与职级并行制度的意见》
    C.《推进领导干部能上能下若干规定（试行）》
    D.《关于防止干部"带病提拔"的意见》

【解析】为贯彻落实党中央关于全面从严治党要求，严明党的政治纪律和政治规矩，完善从严管理干部队伍制度体系，着力解决为官不正、为官不为、为官乱为等问题，2015年7月，中共中央办公厅印发了《推进领导干部能上能下若干规定（试行）》。

【答案】C

33. 根据《中国共产党纪律处分条例》规定，两人以上共同故意违纪的，一般情况下，对为首者的处分应该是（   ）。
    A. 与另一违纪人员同等
    B. 比另一违纪人员重一级
    C. 加重处分
    D. 从重处分

【解析】根据《中国共产党纪律处分条例》规定，二人以上共同故意违纪的，对为首者，从重处分，该条例另有规定的除外；对其他成员，按照其在共同违纪中所起的作用和应负的责任，分别给予处分。

【答案】D

34. 王某是 A 市税务局税源管理一科科长，中共党员，2024 年 6 月依法受到刑事责任追究，因受贿被判处有期徒刑 7 年。根据《税务系统纪检机构监督执纪工作规范（试行）》，A 市党委纪检组应采取的措施是（　　）。

  A. 做初步核实处置后给予党纪处分

  B. 进入立案程序后给予党纪处分

  C. 直接进行审理后给予党纪处分

  D. 直接给予党纪处分

【解析】根据《税务系统纪检机构监督执纪工作规范（试行）》规定，党员干部依法受到刑事责任追究的，应当依据司法机关的生效判决裁定、决定及其认定的事实、性质和情节，直接进行审理后给予党纪处分，一般不再履行立案程序。

【答案】C

35. 党政领导干部在年度考核中被确定为不称职的，因工作能力较弱、受到组织处理或者其他原因不适宜担任现职务层次的，应当作出的处理是（　　）。

  A. 降职　　　　　　　　B. 调任

  C. 转任　　　　　　　　D. 交流

【解析】根据《党政领导干部考核工作条例》规定，党政领导干部在年度考核中被确定为不称职，不适宜担任现职务层次的，应当降职。

【答案】A

二、多项选择题

1. 下列选项中，属于风险防控措施的主要内容的有（　　）。

  A. 风险预警　　　　　　B. 风险阻断

  C. 风险筛查　　　　　　D. 风险分析

【解析】风险防控措施的主要内容有风险预警、风险阻断、风险筛查。

【答案】ABC

2. 下列选项中，属于信访举报文书类档案归档材料的有（　　）。

  A. 会议文件、资料

  B. 工作制度、信访举报情况分析等工作情况材料

  C. 通知、规定、请示报告、编印的各类信息载体等综合材料

  D. 重要的事务性材料

【解析】信访举报文书类档案，归档材料包括：①会议文件、资料；②信访举报部门派员参加的调研材料；③工作制度、信访举报情况分析等工作情况材料；④通知、规定、请示报告、编印的各类信息载体等综合材料；⑤统计材料；⑥重要的事务性材料；⑦除信访案件以外的其他保有价值的资料。

【答案】ABCD

3. 从事信访举报管理工作的人员，必须遵守的工作纪律有（ ）。

   A. 不得向被举报人泄露举报人的姓名、单位、住址等有关情况及举报内容
   B. 不得在无保密措施的载体上存储、传递、处理信访举报件
   C. 不得泄露上级部门和有关领导对信访举报件的批示、内部讨论处理意见等情况
   D. 不得泄露内部对信访件的讨论处理意见等情况

【解析】选项所列四个方面都是从事信访举报管理工作的人员必须遵守的工作纪律。

【答案】ABCD

4. 违纪党员在组织作出处分决定前死亡或者在死亡后发现其曾有严重违纪行为的，适用的处分规则有（ ）。

   A. 党纪应给予开除党籍处分的，开除其党籍
   B. 党纪应给予留党察看处分的，只做书面结论
   C. 政纪不再给予处分
   D. 对其违法取得的财物，除依法应当由其他机关没收、追缴或者责令退赔的，由监察机关没收、追缴或者责令退赔

【解析】参见《中国共产党纪律处分条例》和《中华人民共和国公职人员政务处分法》相关规定。

【答案】ABCD

5. 关于公务员受记过、记大过、降级、撤职处分后的规定，下列说法正确的有（ ）。

   A. 不得晋升工资档次
   B. 处分期内均取消年终一次性奖金
   C. 参加年度考核，不得确定为优秀等次
   D. 参加年度考核，只写评语，不定等次

【解析】受记过、记大过、降级、撤职处分的期间，参加年度考核，只写评语，不定等次。

【答案】ABD

6. 关于违纪所得处理，下列做法正确的有（ ）。

   A. 违纪行为所获得的经济利益，应当收缴或者责令退赔
   B. 违纪行为所获得的职务、职称、学历学位、奖励等利益，建议有关组织、部门、单位按规定予以纠正
   C. 涉嫌犯罪所得款物，应当随案移送司法机关

D. 经认定不属于违纪所得的，应当在案件审结后依纪依法予以返还

【解析】选项所列的4个做法，都是关于违纪所得处理的正确做法。

【答案】ABCD

7. 政务处分的种类包括（　　）。

　　A. 警告　　　　　　　　　　B. 严重警告
　　C. 记过　　　　　　　　　　D. 记大过

【解析】根据《中华人民共和国公职人员政务处分法》第七条规定，政务处分的种类为：①警告；②记过；③记大过；④降级；⑤撤职；⑥开除。

【答案】ACD

8. 税务人员涉嫌（　　）的，稽查部门应将有关证据和材料，转交所在税务局纪检部门。

　　A. 虚开、非法买卖发票，偷税、逃税、骗税、抗税
　　B. 为涉案当事人通风报信、提供伪证、说情，影响案件查处
　　C. 索取、收受贿赂，利用职务之便为自己或者他人谋取利益
　　D. 经商办企业或者在企业入股分红，以及其他违反规定从事营利性活动

【解析】选项中的四种情形，稽查部门在检查中发现的，都应当妥善保存有关证据和材料，并按规定转交所在税务局纪检部门。

【答案】ABCD

9. 税务系统纪检部门必须落实监督检查责任，具体要求有（　　）。

　　A. 坚决维护党的纪律、加强对重大事项决策的监督
　　B. 加强对主体责任落实情况的监督
　　C. 加强对作风建设的监督、加强对干部选拔任用的监督
　　D. 加强对落实内控机制建设主体责任的监督

【解析】四个选项所涉及的要求，都是税务系统纪检部门落实监督检查责任的要求。

【答案】ABCD

10. 处理纪检监察信访举报应坚持的基本原则包括（　　）。

　　A. 以党章和法律法规为准绳
　　B. 以事实为依据
　　C. 惩防并举，注重预防
　　D. 解决实际问题同思想教育相结合

【解析】处理纪检监察信访举报应坚持的基本原则中，无"惩防并举，注重预防"原则。

【答案】ABD

11. 税收执法过错责任追究的形式包括（　　）。
    A. 取消执法资格
    B. 调离执法岗位
    C. 责令作出书面检查
    D. 批评教育

【解析】税收执法过错责任追究形式包括：批评教育；责令作出书面检查；通报批评；取消评选先进的资格；责令待岗；调离执法岗位；取消执法资格。

【答案】ABCD

12. 关于监督执纪工作，下列说法中正确的有（　　）。
    A. 中央纪律检查委员会受理和审查在中央工作的党员领导干部
    B. 地方各级纪律检查委员会受理和审查同级党委委员、候补委员、纪委委员
    C. 对党的组织关系在地方、干部管理权限在主管部门的党员干部违纪问题，应当按照谁主管谁负责的原则进行监督执纪
    D. 对作出立案审查决定、给予党纪处分等重要事项，纪检机关直接向上级纪委报告

【解析】中央纪律检查委员会受理和审查党员领导干部，是中央一级，而不是在中央工作。对作出立案审查决定、给予党纪处分等重要事项，纪检机关应当向同级党委（党组）请示汇报并向上级纪委报告。

【答案】BC

13. 下列内容属于税务系统内部控制的有（　　）。
    A. 政策制定风险　　　　B. 税收执法风险
    C. 行政管理风险　　　　D. 廉政风险

【解析】税务系统内部控制的内容包括政策制定风险、税收执法风险、行政管理风险以及由此产生的廉政风险。

【答案】ABCD

14. 新时代巡视工作方针有（　　）。
    A. 发现问题　　　　　　B. 形成震慑
    C. 推动改革　　　　　　D. 促进发展

【解析】新时代巡视工作方针是发现问题、形成震慑、推动改革、促进发展，发现问题、形成震慑是生命线；推动改革、促进发展是目标。

【答案】ABCD

15. 下列关于巡视整改和成果运用的说法正确的有（　　）。
    A. 被巡视党组织主要负责人应督促提醒领导班子其他成员落实整改责任
    B. 领导班子其他成员履行"一岗双责"，推动职责范围内巡视整改任务落到

实处

C. 派出巡视组的党组织同级纪检监察机关承担巡视整改监督责任

D. 组织部门应该把巡视发现的问题作为领导班子建设和干部考核评价、选拔任用、监督管理的重要参考

【解析】参见《关于加强巡视整改和成果运用的意见》（中办发〔2021〕62号）规定。

【答案】ABCD

16. 关于巡视责任，下列说法正确的有（　　）。

　　A. 党委（党组）书记是巡视工作第一责任人

　　B. 巡视工作领导小组组长是组织实施巡视工作主要负责人

　　C. 巡视组组长是落实巡视监督责任第一责任人

　　D. 全体巡视工作人员要有重大问题应当发现而没有发现就是失职、发现问题没有如实报告就是渎职的"两职"观念

【解析】关于巡视责任的四种说法，都是正确的。

【答案】ABCD

17. 督察内审实施阶段，对数据的采集与分析应用，下列做法正确的有（　　）。

　　A. 采集数据前，调查被督察审计单位的组织结构和信息系统分布应用情况，结合督察审计项目，提出数据采集需求

　　B. 根据前期调查和数据采集需求，制定具体数据采集方案，将电子数据采集、整理和验证后推送给督察审计人员

　　C. 对采集数据验收后，通过数据分析，发现督察审计线索，获取督察审计证据

　　D. 对数据采集和应用进行目标评价，对数据采集需求和数据分析方法等进行修正和完善，对数据采集模板、分析方法等成果收集归档

【解析】对数据的采集与分析应用，选项所列的四种做法都是正确的。

【答案】ABCD

18. 按照审计主体，可以将审计划分为（　　）。

　　A. 国家审计　　　　　　　B. 部门和单位审计

　　C. 社会审计　　　　　　　D. 纪委审计

【解析】按照审计主体，可以将审计划分为国家审计、部门和单位审计以及社会审计。纪委非审计部门。

【答案】ABC

19. 下列选项中，属于内控机制建设的主要内容的有（　　）。

　　A. 加强风险评估　　　　　B. 完善防控措施

C. 应用信息技术　　　　　D. 优化内控环境

【解析】内控机制建设的主要内容包括加强风险评估、完善防控措施、应用信息技术、优化内控环境、实施动态管理。

【答案】ABCD

20. 下列信访举报的内容中，纪检监察机关应优先办理的有（　　）。
    A. 来访举报的问题
    B. 实名举报的问题
    C. 违反中央八项规定精神问题
    D. "四风"问题

【解析】纪检监察机关对实名举报和违反中央八项规定精神、"四风"问题等信访举报优先办理。

【答案】BCD

21. 税收执法过错责任追究的形式包括（　　）。
    A. 给予行政警告
    B. 取消执法资格
    C. 调离执法岗位
    D. 责令作出书面检查

【解析】税收执法过错责任追究形式包括批评教育、责令作出书面检查、通报批评、取消评选先进资格、责令待岗、调离执法岗位、取消执法资格。

【答案】BCD

22. 2024年6月，某市税务局办公室干部王某代表市税务局到某县税务局开展专项督察。在此次督察中，王某所具有的职权包括（　　）。
    A. 要求提供资料权　　　　B. 调查询问权
    C. 现场检查权　　　　　　D. 违规处理决定权
    E. 违规线索移交权

【解析】督察内审部门的工作职权有：要求提供资料权、现场检查权、调查询问权、违规行为制止权、违规处理建议权、违规线索移交权、实施督察审计所必需的其他权限。

【答案】ABC

23. 根据《中华人民共和国公职人员政务处分法》，下列说法正确的有（　　）。
    A. 政务处分决定自作出之日起生效
    B. 公职人员二人以上共同违法，根据各自在违法行为中所起的作用和应当承担的法律责任，分别给予政务处分
    C. 单位、组织集体作出的决定违法或者实施违法行为的，对负有责任的领导

人员和直接责任人员中的公职人员依法给予政务处分

D. 公职人员非因法定事由、非经法定程序，不受政务处分

【解析】根据《中华人民共和国公职人员政务处分法》，以上四个选项均正确。

【答案】ABCD

24. 某市税务局党委成员、副局长周某的妻子为该市税务局管辖的一家中外合资企业外方委派的高层管理者，对这一现象正确的说法有（　　）。

    A. 并没有违反党纪法规

    B. 这种现象是不合党纪的

    C. 周某应该按规定予以纠正

    D. 如果周某不纠正，其本人应辞去现任职务或者组织予以调动职务

【解析】根据《中国共产党纪律处分条例》规定，党员领导干部的配偶、子女及其配偶，违反有关规定在该党员领导干部管辖的区域或者业务范围内从事可能影响其公正执行公务的经营活动，或者在该党员领导干部管辖的区域或者业务范围内的外商独资企业、中外合资企业中担任由外方委派、聘任的高级职务的，该党员领导干部应当按照规定予以纠正；拒不纠正的，其本人应当辞去现任职务或者由组织予以调整职务；不辞去现任职务或者不服从组织调整职务的，给予撤销党内职务处分。

【答案】BCD

25. 2024年7月，某税务局党员小彭因违纪受到留党察看处分。处分期间，其不享有的党员权利包括（　　）。

    A. 表决权　　　　　　　B. 选举权

    C. 被选举权　　　　　　D. 申诉权

【解析】根据《中国共产党纪律处分条例》规定，党员受留党察看处分期间，没有表决权、选举权和被选举权。

【答案】ABC

26. 2024年6月，某市税务局开展了行政管理风险排查活动。下列选项中，不属于该局此次排查范围的有（　　）。

    A. 督察审计工作中存在的风险

    B. 信息安全工作中存在的风险

    C. 纳税服务工作中存在的风险

    D. 行政诉讼工作中存在的风险

【解析】行政管理风险，是指税务机关及其工作人员在内部管理过程中，因故意或过失，损害国家利益、管理秩序或相关当事人合法权益的可能性。包括以下内容：①人事管理风险，主要指在机构编制、人员录用和调配、干部选拔任用、干部监督、考核奖惩、工资福利、干部档案管理、教育培训等工作中存在的风险；②财务管理风险，

主要指在预算管理、会计和决算管理、国库集中收付管理、国有资产管理、基本建设管理等工作中存在的风险；③政府采购风险，主要指在采购预算管理、立项管理、采购需求管理、采购计划管理、采购实施、合同管理、验收和资金支付、档案管理等工作中存在的风险；④政务管理风险，主要指在公文处理、会议管理、印章管理、保密管理、档案管理、舆情应对、信访管理、信息公开、应急管理、绩效管理等工作中存在的风险；⑤信息系统管理风险，主要指在信息系统建设、业务流程控制、数据应用管理和信息安全等工作中存在的风险；⑥内部监督风险，主要指在巡视巡察、纪检监察、督察审计、督查督办等工作中存在的风险。

【答案】CD

27. 下列人员的行为中，属于搞非组织活动，应给予党纪处分的有（　　）。
    A. 赵某在党内选举中，封官许愿诱使他人投票
    B. 钱某在民主测评中，通过短信为自己拉票
    C. 孙某在选举活动中，为其分管领导拉票助选
    D. 李某在民主推荐时，怂恿身边同事不选某人

【解析】根据《中国共产党纪律处分条例》规定，有下列行为之一的，给予警告或者严重警告处分；情节较重的，给予撤销党内职务或者留党察看处分；情节严重的，给予开除党籍处分：在民主推荐、民主测评、组织考察和党内选举中搞拉票、助选等非组织活动的，在法律规定的投票、选举活动中违背组织原则搞非组织活动，组织、怂恿、诱使他人投票、表决的。

【答案】ABCD

28. 纪检监察机关应当严格执行请示报告制度。以下关于纪检监察机关请示报告的说法正确的有（　　）。
    A. 中央纪委定期向党中央报告工作
    B. 中央纪委研究涉及全局的重大事项应当及时向党中央请示报告
    C. 中央纪委向党中央请示报告，以报告结果为主
    D. 中央纪委执行党中央重要决定的情况应当专题报告

【解析】根据《中国共产党纪律检查机关监督执纪工作规则》规定，中央纪委定期向党中央报告工作，研究涉及全局的重大事项、遇有重要问题以及作出立案审查调查决定、给予党纪政务处分等事项应当及时向党中央请示报告，既要报告结果也要报告过程。

【答案】ABD

29. 案件审理"二十四字"方针包括（　　）。
    A. 把握政策、宽严相济
    B. 定性准确、处理恰当

C. 惩前毖后、治病救人

D. 手续完备、程序合规

【解析】根据《中国共产党纪律检查机关监督执纪工作规则》规定，纪检监察机关应当对涉嫌违纪或者违法、犯罪案件严格依规依纪依法审核把关，提出纪律处理或者处分的意见，做到事实清楚、证据确凿、定性准确、处理恰当、手续完备、程序合规。

【答案】BD

30. 以钉钉子的精神纠治"四风"是深入推进全面从严治党的有力举措。下列属于纠治"四风"的具体举措有（　　）。

A. 公安部党委决定将2024年作为打击整治网络谣言专项行动年

B. 中央纪委国家监委公开通报借培训之名组织公款旅游典型问题

C. 某地建立公示报告制度，要求领导干部如实填写个人操办或参加婚丧喜庆活动报告表

D. 某省纪检监察机关开展违规发放津贴补贴、私车公养等问题的专项整治

【解析】习近平总书记强调，集中解决形式主义、官僚主义、享乐主义和奢靡之风这"四风"问题。选项B、C、D解决的是享乐主义和奢靡之风，选项A是从维护国家利益和国家安全的高度，更好服务中央反腐败斗争和防范化解重大风险。

【答案】BCD

31. 信任不能代替监督，党内监督没有禁区、没有例外。各级党组织应当把信任激励同严格监督结合起来，促使党的领导干部做到（　　）。

A. 有权必有责　　　　　B. 有责要担当

C. 用权受监督　　　　　D. 履责需审慎

【解析】根据《中国共产党党内监督条例》规定，党内监督没有禁区、没有例外。信任不能代替监督。各级党组织应当把信任激励同严格监督结合起来，促使党的领导干部做到有权必有责、有责要担当，用权受监督、失责必追究。

【答案】ABC

32. 纪检监察机关应建立健全党员领导干部廉政档案，其主要内容包括（　　）。

A. 任免情况

B. 巡视巡察方面移交的问题线索和处置情况

C. 开展谈话函询、初步核实、审查调查工作形成的有关材料

D. 党风廉政意见回复材料

【解析】根据《中国共产党纪律检查机关监督执纪工作规则》规定，纪检监察机关应当建立健全党员领导干部廉政档案，主要内容包括：①任免情况、人事档案情况、因不如实报告个人有关事项受到处理的情况等；②巡视巡察、信访、案件监督管理以

及其他方面移交的问题线索和处置情况；③开展谈话函询、初步核实、审查调查以及其他工作形成的有关材料；④党风廉政意见回复材料；⑤其他反映廉政情况的材料。

【答案】ABCD

33. 税务机关各级党委纪检组协助党委推进全面从严治党，其承担的主要责任包括（　　）。

  A. 防范预警　　　　　B. 监督检查
  C. 纪律审查　　　　　D. 问责追究

【解析】根据《税务系统落实全面从严治党主体责任和监督责任实施办法》规定，党委纪检组协助党委推进全面从严治党，承担监督检查、纪律审查、问责追究责任。

【答案】BCD

三、判断题

1. 对督察审计发现的重大问题，报经税务机关负责人批准后，移送司法机关处理。（　　）

【解析】对督察审计发现的重大问题，报经税务机关负责人批准后，移送稽查、人事、纪检监察等部门处理。

【答案】错误

2. 督察内审工作的组织开展主要包括准备阶段、实施阶段、督审阶段、整改阶段四个阶段。（　　）

【解析】督察内审工作的组织开展主要包括准备阶段、实施阶段、报告阶段、整改阶段四个阶段。

【答案】错误

3. 主动交代违法违纪行为的、检举他人重大违法违纪行为情况属实的，政纪适用从轻处分。（　　）

【解析】政纪从轻处分的情形：一是主动交代违法违纪行为的，二是主动采取措施有效避免或者挽回损失的，三是检举他人重大违法违纪行为情况属实的。

【答案】正确

4. 巡视组履行执纪审查的职责。（　　）

【解析】纪检部门履行执纪审查职责。

【答案】错误

5. 纪律检查机关是党内监督的专门机关和执行党的纪律的职能部门，履行监督、执纪、问责职责。（　　）

【解析】纪律检查机关是党内监督的专门机关和执行党的纪律的职能部门，是党内监督的专责机关，履行监督执纪问责职责。

【答案】正确

6. 纪检监察案件查办的主体是纪检部门，客体是党员、党组织和监察对象违犯党章、党纪政纪和国家法律法规的行为。（   ）

【解析】纪检监察案件查办的主体是纪检部门，客体是党员、党组织和监察对象违犯党章、党纪政纪和国家法律法规的行为。

【答案】正确

7. 纪检部门有权了解、查询，但不可以复制被监督对象的有关文件、资料。（   ）

【解析】纪检部门有权了解、查询、复制被监督对象的有关文件、资料。

【答案】错误

8. 有关机关、单位、组织集体作出的决定违法的，仅对做出决策的主要负责人依法给予政务处分。（   ）

【解析】根据《中华人民共和国公职人员政务处分法》第十条的规定，有关机关、单位、组织集体作出的决定违法或者实施违法行为的，对负有责任的领导人员和直接责任人员中的公职人员依法给予政务处分。

【答案】错误

9. 纪检监察机关要重点审查不收敛不收手，问题线索反映集中、群众反映强烈，现在重要岗位且可能还要提拔使用的领导干部。（   ）

【解析】纪检监察机关要依规依纪进行执纪审查，重点审查不收敛不收手，问题线索反映集中、群众反映强烈，现在重要岗位且可能还要提拔使用的领导干部。

【答案】正确

10. 在纪律审查中发现党的领导干部严重违纪涉嫌违法犯罪的，应立即移送行政机关、司法机关处理。（   ）

【解析】在纪律审查中发现党的领导干部严重违纪涉嫌违法犯罪的，应当先作出党纪处分决定，再移送行政机关、司法机关处理。

【答案】错误

11. 涉及地方人民政府及其工作人员的信访举报事项，纪检部门查办并将调查结果移送相关政府部门。（   ）

【解析】信访举报事项涉及地方人民政府及其工作人员的，不予受理，直接转送有权处理的单位处理。

【答案】错误

12. 对于匿名信访举报案件，纪检部门可以不予理睬。（   ）

【解析】纪检监察机关提倡实名举报，对实名举报和匿名举报都要认真对待，妥善处理。

【答案】错误

13. 对不属于本级税务机关纪检部门管辖范围的信访举报件，以交办方式指定有关单位调查处理。（   ）

【解析】对不属于本级税务机关纪检部门管辖范围的信访举报件，且不需要汇报结果的，经监察部门领导批准后，转交有关单位或部门依照有关规定处理。

【答案】错误

14. 巡视工作的根本政治任务是坚决维护习近平同志党中央的核心、全党的核心地位，坚决维护党中央权威和集中统一领导。（   ）

【解析】巡视工作的根本政治任务是坚决维护习近平同志党中央的核心、全党的核心地位，坚决维护党中央权威和集中统一领导。

【答案】正确

15. 对在同一岗位任职满1年的领导干部应当进行任中经济责任审计。（   ）

【解析】对在同一岗位任职满3年的领导干部应当进行任中经济责任审计。

【答案】错误

16. 纪检机关对反映同级党委委员、纪委常委，以及所辖地区、部门主要负责人的问题线索和线索处置情况，应当向上级纪检机关报告。（   ）

【解析】略。

【答案】正确

17. 审查谈话、重要的调查谈话和暂扣、封存涉案款物等调查取证环节应当全程录音录像。（   ）

【解析】略。

【答案】正确

18. 纪检机关案件审理，坚持审查与审理并进，审查人员参与审理。（   ）

【解析】坚持审查与审理分离，审查人员不得参与审理。

【答案】错误

19. 被审查人涉嫌犯罪的，应当由案件监督管理部门协调办理移送司法机关事宜。执纪审查部门应当在通知司法机关之日起7个工作日内，完成移送工作。（   ）

【解析】略。

【答案】正确

20. 经立案调查，有严重违纪事实并涉嫌违法的，应给予开除党籍处分，并移送司法机关追究刑事责任。（   ）

【解析】严重违纪违法，情节严重，影响恶劣，应开除党籍，并追究刑事责任。

【答案】正确

21. 对于匿名信访举报案件，纪检部门可以不予理睬。（   ）

【解析】纪检监察机关提倡实名举报，对实名举报和匿名举报都要认真对待，妥善处理。

【答案】错误

22. 公务员因工作需要在机关外兼职，应当经有关机关批准，其领取的兼职报酬不得高于关系所在单位发放的薪酬。（ ）

【解析】根据《中华人民共和国公务员法》第四十六条规定，公务员因工作需要在机关外兼职应当经有关机关批准，并不得领取兼职报酬。

【答案】错误

23. 公务员在受处分期间有悔改表现，并且没有再发生违纪违法行为的，处分期满后自动解除。（ ）

【解析】公务员在受处分期间有悔改表现，并且没有再发生违纪违法行为的，处分期满后自动解除，但受开除处分的除外。

【答案】错误

24. 对督察审计发现的重大问题，报经税务机关负责人批准后，移送司法机关处理。（ ）

【解析】对督察审计发现的重大问题，报经税务机关负责人批准后，移送稽查、人事、纪检监察等部门处理。

【答案】错误

25. 税务系统领导班子不按规定分工的，应责令改正。个人不服从调整的，应责令其辞去职务。（ ）

【解析】个人不服从调整的，应对其进行诫勉谈话。

【答案】错误

26. 上级指定由本级查办的信访件，承办单位应直接组织查办，不得再行转办。（ ）

【解析】上级指定查办的信访案件，下级不得再行转办。

【答案】正确

27. 在纪律审查中发现党的领导干部严重违纪，涉嫌违法犯罪的，应立即移送行政机关司法机关处理。（ ）

【解析】在纪律审查中发现党的领导干部严重违纪，涉嫌违法犯罪的，应当先作出党纪处分决定再移送行政机关司法机关处理。

【答案】错误

28. 对不属于税务纪检部门受理的信访举报，应在 7 日内告知举报人向有权处理的单位提出。（ ）

【解析】对不属于税务纪检部门受理的信访举报，应在 15 日内告知举报人，向有权处理的单位提出。

【答案】错误

29. 税务系统各级党组织每半年应开展1次政治生态专题调研，并通过巡视巡察、民主生活会对照检查、信访案件分析、涉税网络舆情等途径，深入查找本部门、本系统党的政治建设方面存在的突出问题，认真开展专项治理，涵养风清气正的政治生态。（　　）

【解析】根据《中共国家税务总局委员会关于加强新形势下税务系统党的建设的意见》规定，应每年开展1次政治生态专题调研。

【答案】错误

30. 开除党籍是党内的最高处分。（　　）

【解析】党纪处分包括：①警告；②严重警告；③撤销党内职务；④留党察看；⑤开除党籍。开除党籍是党内的最高处分。

【答案】正确

31. 对违反中央八项规定精神的，严重违纪被立案审查开除党籍的，以及发生在群众身边、影响恶劣的不正之风和腐败问题，应当点名道姓通报曝光。（　　）

【解析】根据《中国共产党党内监督条例》规定，对违反中央八项规定精神的，严重违纪被立案审查开除党籍的，严重失职失责被问责的，以及发生在群众身边、影响恶劣的不正之风和腐败问题，应当点名道姓通报曝光。

【答案】正确

32. 加强党的政治建设，必须把开展"整风运动"作为基础性、经常性工作。（　　）

【解析】根据《中共中央关于加强党的政治建设的意见》规定，加强党的政治建设，必须把营造风清气正的政治生态作为基础性、经常性工作。

【答案】错误

33. 开展党纪学习教育要坚持以习近平新时代中国特色社会主义思想为指导，聚焦解决一些党员、干部对党规党纪不上心、不了解、不掌握等问题。（　　）

【解析】根据《关于在全党开展党纪学习教育的通知》，要坚持以习近平新时代中国特色社会主义思想为指导，聚焦解决一些党员、干部对党规党纪不上心、不了解、不掌握等问题，组织党员特别是党员领导干部认真学习《中国共产党纪律处分条例》。

【答案】正确

34. 党员被开除党籍的，终身不得重新入党，也不得推荐担任与其原任职务相当或者高于其原任职务的党外职务。（　　）

【解析】根据《中国共产党纪律处分条例》规定，党员受到开除党籍处分，5年内不得重新入党。另有规定不准重新入党的，依照规定。

【答案】错误

四、简答题

1. 请简述税务系统巡视工作"双闭环"管理的主要内容?

【答案】应从以下方面进行阐述:

第一闭环是巡视工作闭环,即"发现问题—推动整改—完善制度—规范管理",着眼巡视工作全流程管理,坚持问题导向,压实整改责任,倒逼完善制度,促进各项工作进一步规范。

第二闭环是深化整改闭环,即"巡视整改—专项整治—督导检查—推动问责",旨在推进整改深度,强化信息共享,形成整改合力,深化成果应用,发挥震慑作用,促使巡视监督持续推进。

2. 请简述税务系统巡视巡察工作的监督重点。

【答案】三个聚焦:聚焦被巡察党组织党的理论和路线方针政策以及党中央、国务院重大决策部署贯彻落实情况,聚焦纳税人缴费人身边腐败问题和不正之风情况,聚焦基层党组织领导班子和干部队伍建设情况。

3. 简述督察内审工作的规范流程。

【答案】应从以下方面进行阐述:

督察内审工作的组织开展主要包括准备阶段、实施阶段、报告阶段、整改阶段四个阶段。

准备阶段:制定工作方案,下达通知书,督察审计前准备,制定项目实施方案,查前培训。

实施阶段:进驻会议,督察审计公示,签订承诺书,接收资料,数据采集和分析应用,测评内控,审核资料,现场督审,督察审计取证,项目评价,编制底稿,听取陈述申辩,撰写报告,退出会议。

报告阶段:征求被督察审计单位意见,报告审理,问题移交,出具报告,处理决定复查复核,整理立卷。

整改阶段:督察审计整改,建议追责,整改反馈,整改情况督查,案卷归档。

4. 简述群众来访受理的主要流程及注意事项。

【答案】应从以下方面进行阐述:(1)接谈。接待来访工作人员不得少于2人。接待来访工作人员应查看来访人的身份证或其他有效证件,核实来访人数,同来访人面谈,听取并记录来访人反映的问题及要求、来访过程及有关单位受理、办理情况。多人来访提出同一事项的,由来访人选定5名以下代表参与接谈。

(2) 登记。接访人应详细询问来访人的基本情况,及时填写《税务纪检监察信访举报来访登记表》。

(3) 特殊来访的处理。接访人员要维持来访秩序。对于特殊来访,如持有凶器和爆炸物品来访、扬言游行、静坐、示威、行凶、报复、爆炸,情绪反常、有轻生念头等,以及可能造成不良影响的重大、紧急来访事项,应当及时报告,并依法及时采取措施,对严重扰乱机关工作秩序的应联系公安部门依法处理。

5. 党组织在纪律审查中发现党员严重违纪涉嫌违法犯罪的,应当如何处理?

【答案】党组织在纪律审查中发现党员严重违纪涉嫌违法犯罪的,原则上先作出党纪处分决定,并按照规定给予政务处分后,再移送有关国家机关依法处理。

6. 对于受到改组处理的党组织领导机构成员,其职务如何处理?

【答案】对于受到改组处理的党组织领导机构成员,除应当受到撤销党内职务以上(含撤销党内职务)处分的外,均自然免职。

7. 在干部选拔任用工作中,有任人唯亲、排斥异己、封官许愿、说情干预、跑官要官、突击提拔或者调整干部等违反干部选拔任用规定行为,对直接责任者和领导责任者,应如何处分?

【答案】情节较轻的,给予警告或者严重警告处分;情节较重的,给予撤销党内职务或者留党察看处分;情节严重的,给予开除党籍处分。

8. 生活奢靡、贪图享乐、追求低级趣味,造成不良影响的,应给予什么处分?

【答案】给予警告或者严重警告处分;情节严重的,给予撤销党内职务处分。

9. 违背社会公序良俗,在公共场所有不当行为,造成不良影响的,应给予什么处分?

【答案】给予警告或者严重警告处分;情节较重的,给予撤销党内职务或者留党察看处分;情节严重的,给予开除党籍处分。

10. 在党的纪律检查、组织、宣传、统一战线工作以及机关工作等其他工作中,不履行或者不正确履行职责,造成损失或者不良影响的,应当如何处分?

【答案】应当视具体情节给予警告直至开除党籍处分。

11. 党员受到留党察看处分，其党内职务如何处理？

【答案】党员受到留党察看处分，其党内职务自然撤销。对于担任党外职务的，应当建议党外组织撤销其党外职务。

五、案例题

1. 某区税务局领导干部全面从严治党不力、维护党的纪律不力、推进党风廉政建设和反腐败工作不坚决不扎实，造成严重后果。纪检部门如何履行问责追究责任？

【答案】应从以下方面进行阐述：按照《中国共产党问责条例》及税务总局党委实施办法，属于纪检监察职权范围的，由纪检监察机构直接作出问责决定，属于党委或其他部门职权范围的，纪检监察机构及时提出问责建议。在纪律审查中发现党的领导干部严重违纪涉嫌违法犯罪的，应当先作出党纪处分决定，再移送行政机关、司法机关处理。

2. 信访举报工作是党风廉政建设和反腐败工作的重要组成部分，是纪检部门重要的基础性工作。税务系统处理纪检监察信访举报，应坚持的基本原则有哪些？

【答案】处理纪检监察信访举报应坚持六个基本原则：①以党章和法律法规为准绳；②以事实为依据；③处理重要信访问题，坚持民主集中制或行政首长负责制；④维护信访举报当事人的合法权益；⑤属地管理、分级负责，谁主管、谁负责；⑥解决实际问题同思想教育相结合。

3. 某市举报中心接到群众电话举报，反映市局税务干部李某纵容包庇某公司大额虚开增值税专用发票违法违纪行为具体线索。请问，纪检部门该如何配合稽查部门对该案件开展"一案双查"？

【答案】应从以下方面进行阐述：对稽查部门转交的重大税收违法案件，纪检部门应当对随案转交的相关材料进行案头分析，认为存在税务机关或者税务人员涉嫌违纪违法行为的，应当填写《税收违法案件一案双查审批表》，报经分管纪检工作的税务局领导批准后开展调查。在5个工作日内决定是否受理，并将受理情况反馈给稽查部门。检举涉税当事人税收违法行为同时检举税务机关或者税务人员违纪违法线索具体的，可与稽查部门组成联合检查组，同时进行检查、调查。有证据或者线索证明税务机关或者税务人员涉嫌重大违纪违法行为的，纪检部门应当提前介入查处。

错题、要点整理页

第五章 财务管理

>> 本章知识框架

节	细目	知识点	学习进度
财务管理制度	财务管理法规和相关会计制度	【知识点1】财务管理法规	
		【知识点2】财务管理相关会计制度	
	银行账户管理	【知识点1】银行账户的种类及其设立	
		【知识点2】税务系统单位账户的使用和管理	
	公务卡的使用和管理	【知识点1】公务卡的日常管理	
		【知识点2】公务卡强制结算目录范围	
		【知识点3】公务卡的其他注意事项	
	财政票据管理	【知识点1】财政票据概述	
		【知识点2】财政票据使用	
		【知识点3】财政票据保管	
		【知识点4】财政票据年度检查	
	差旅费相关规定	【知识点1】差旅费概述	
		【知识点2】乘坐交通工具的等级及交通费标准	
		【知识点3】住宿费及伙食补助费标准	
		【知识点4】差旅费的报销管理	
		【知识点5】公务接待费概述	
		【知识点6】会议费管理概述	
		【知识点7】会议费开支标准	
		【知识点8】会议费其他注意事项	

续表

节	细目	知识点	学习进度
财务管理制度	差旅费相关规定	【知识点9】培训费管理概述	
		【知识点10】培训费的报销管理	
		【知识点11】公务接待管理	
税务系统会计制度	财务会计基本知识	【知识点1】税务系统会计核算主体和特点	
		【知识点2】税务系统会计要素	
	行政单位会计制度	【知识点1】行政单位会计制度概述	
		【知识点2】行政单位会计信息的质量要求	
		【知识点3】行政单位财务报表	
	基本建设会计制度	【知识点1】税务系统基本建设会计制度概述	
		【知识点2】建设单位的资金	
		【知识点3】基建会计科目	
		【知识点4】基建会计报表	
预算管理	预算管理体制	【知识点1】税务预算管理体制	
		【知识点2】预算管理规范	
	部门预算编制	【知识点1】税务预算编制流程	
		【知识点2】预算编制注意事项	
		【知识点3】收入预算管理	
		【知识点4】基本支出预算管理	
		【知识点5】项目预算评审	
		【知识点6】预算执行管理	
		【知识点7】财政拨款结转和结余资金管理	
	预算绩效管理	【知识点1】预算绩效管理概述	
		【知识点2】工作职责	
财务收支与决算管理	行政单位收入与支出及其管理	【知识点1】税务系统收入的种类	
		【知识点2】税务系统收入管理的要求	
		【知识点3】税务系统支出的种类	
	事业单位收入与支出及其管理	【知识点1】事业单位收入种类	
		【知识点2】事业单位收入的管理要求	
		【知识点3】事业单位支出的种类	

续表

节	细目	知识点	学习进度
财务收支与决算管理	决算管理	【知识点1】决算管理的概念	
		【知识点2】税务决算的管理	
		【知识点3】税务决算批复和公开	
国库集中支付管理	预算单位零余额账户管理	【知识点1】预算单位零余额账户的设立	
		【知识点2】预算单位零余额账户的使用和管理	
	用款计划管理	【知识点1】用款计划编制的依据	
		【知识点2】用款计划的种类	
		【知识点3】分月用款计划的编制依据和分月用款数控制原则	
	财政直接支付	【知识点1】财政直接支付的概念	
		【知识点2】财政直接支付的范围	
	财政授权支付	【知识点1】财政授权支付的范围	
		【知识点2】财政授权支付额度的下达	
		【知识点3】财政授权支付额度的使用和管理	
	年终预算结余资金管理	【知识点1】年终预算结余资金的概念	
		【知识点2】年终预算结余资金的使用管理	
		【知识点3】收入对账	
	管理与监督	【知识点1】国库集中支付管理和监督原则	
		【知识点2】拒绝受理所属单位的支付申请的情形	
国有资产管理	国有资产管理知识	【知识点1】国有资产的概念	
		【知识点2】国有资产管理机构及其职责	
		【知识点3】各部门的管理职责	
		【知识点4】国有资产的分类及计价方法	
		【知识点5】流动资产	
		【知识点6】在建工程	
		【知识点7】无形资产	
基本建设管理	基建管理知识	【知识点1】基建项目	
		【知识点2】投资总额	

续表

节	细目	知识点	学习进度
基本建设管理	基建项目过程管理	【知识点1】项目建议书审批管理	
		【知识点2】项目库管理	
		【知识点3】竣工决算管理	
		【知识点4】档案管理和移交管理	

>> 习题演练

一、单项选择题

1. 下列各项,不属于与财务管理相关的法律的是(　　)。

   A. 《中华人民共和国会计法》
   B. 《中华人民共和国预算法》
   C. 《中华人民共和国审计法》
   D. 《行政单位会计制度》

   【解析】选项A、B、C是全国人大制定的法律,选项D为部门规章,不属于法律。

   【答案】D

2. 向财政部领报经费,并发生预算管理关系的,是税务系统的会计核算主体中的(　　)。

   A. 主管会计单位　　　　B. 二级会计单位
   C. 三级会计单位　　　　D. 基层会计单位

   【解析】直接向财政部领报经费的会计核算主体是税务总局,属于主管会计单位。

   【答案】A

3. 以下各项除(　　)之外,均实行独立会计核算,负责组织管理本部门、本单位的全部会计工作。

   A. 主管会计单位
   B. 二级会计单位
   C. 县、市、区级税务局下属的税务分局、税务所
   D. 基层会计单位

   【解析】不具备独立核算条件的单位,如县、市、区级税务局下属的税务分局、税务所,实行单据报账制度,作为报账制单位管理。

   【答案】C

4. 可以在1年以内（含1年）变现或者耗用的资产，包括库存现金、银行存款、零余额账户用款额度、财政应返还额度、应收及预付款项、存货等，此类资产属于（　　）。

  A. 固定资产   B. 流动资产

  C. 无形资产   D. 货币资产

【解析】题干是对流动资产的概念表述。

【答案】B

5. 净资产是指行政单位资产扣除负债后的余额，不包括（　　）。

  A. 财政拨款结转

  B. 财政拨款结余

  C. 其他资金结转结余资产基金

  D. 财政应返还额度

【解析】财政应返还额度属于流动资产。

【答案】D

6. 单位会计管理部门临时保管会计档案最长不超过（　　）年。

  A. 1   B. 2

  C. 3   D. 4

【解析】3年是临时保管会计档案的最长期限。

【答案】C

7. 税务系统推行部门预算改革，遵循的原则不包括（　　）。

  A. 稳步推行   B. 突出重点

  C. 分项实施   D. 加速推进

【解析】按照财政部门预算改革的有关要求，税务系统按照稳步推行、突出重点、分项实施的原则，积极推行部门预算改革。

【答案】D

8. 税务系统部门预算编制实行自下而上、逐级编报、层层审核预算，自上而下、逐级批复预算，基本流程是（　　）。

  A. "二上二下"   B. "一上一下"

  C. "一上二下"   D. "二上一下"

【解析】税务预算编制流程的基本流程是"二上二下"。

【答案】A

9. 税务系统部门预算编制实行"二上二下"的基本流程，自下而上、逐级编报、层层审核预算，自上而下、逐级批复预算。按照实际工作程序，税务系统预算编制程序划分为"准备""一上""一下""二上""二下"五个阶段。"准备"阶段的时间节点为每年（　　）。

A. 4—5 月　　　　　　　B. 6—7 月
C. 10—11 月　　　　　　D. 11—12 月

【解析】"准备"阶段的时间节点为每年 4—5 月。这一阶段的工作是结合下一年度预算编制有关要求，完成对上一年度预算单位和预算批复项目的清理，预算基础资料的收集、分析等前期准备工作，是编制好部门预算的基础。

【答案】A

10. 税务系统部门预算编制实行"二上二下"的基本流程，自下而上、逐级编报、层层审核预算，自上而下、逐级批复预算。按照实际工作程序，税务系统预算编制程序划分为"准备""一上""一下""二上""二下"五个阶段。"一下"阶段的时间节点为每年（　　）。

A. 4—5 月　　　　　　　B. 6—7 月
C. 10—11 月　　　　　　D. 11—12 月

【解析】"一下"阶段的时间节点为每年 10—11 月。此阶段的主要任务是落实财政部下达的预算指标控制数。

【答案】C

11. 税务系统部门预算编制实行"二上二下"的基本流程，自下而上、逐级编报、层层审核预算，自上而下、逐级批复预算。按照实际工作程序，税务系统预算编制程序划分为"准备""一上""一下""二上""二下"五个阶段。"二上"阶段的时间节点为每年（　　）。

A. 4—5 月　　　　　　　B. 6—7 月
C. 10—11 月　　　　　　D. 11—12 月

【解析】"二上"阶段的时间节点为每年 11—12 月。各预算单位按上级预算单位下达的预算控制数，对"一上"预算按确保重点、兼顾一般的原则进行调整，并逐级汇总报送，形成部门"二上"预算，报上级预算单位。

【答案】D

12. 税务系统部门预算编制实行"二上二下"的基本流程，自下而上、逐级编报、层层审核预算，自上而下、逐级批复预算。按照实际工作程序，税务系统预算编制程序划分为"准备""一上""一下""二上""二下"五个阶段。"二下"阶段的时间节点为每年（　　）。

A. 4—5 月　　　　　　　B. 6—7 月
C. 10—11 月　　　　　　D. 3—5 月

【解析】"二下"阶段的时间节点为每年 3—5 月。各预算单位在收到上一级预算单位下达的预算批复后，应按照"二上"预算上报数，起草统一的部门预算批复文件和预算批复表格，将上一级预算单位批复的预算分解、下达各所属预算单位，督促各所属预算单位及时批复下属单位预算，并将批复结果报上级主管部门备案。

【答案】D

13. 项目支出预算是指中央部门为完成其特定的行政工作任务或事业发展目标，在基本支出预算之外编制的年度项目计划，包括有关事业发展专项计划、大型购置、大型会议等项目支出。以下各项不属于项目支出内容的是（　　）。

  A. 基本建设　　　　　　B. 专项业务费
  C. 大型修缮　　　　　　D. 日常公用经费

【解析】基本支出预算是部门支出预算的主要组成部分，是行政事业单位为保障其机构正常运转、完成日常工作任务所必需的开支，包括人员经费和日常公用经费两部分。

【答案】D

14. 固定资产是指使用期限超过1年，单位价值在（　　）元以上，并且在使用过程中基本保持原有物质形态的资产。

  A. 500　　　　　　　　B. 1000
  C. 1500　　　　　　　D. 2000

【解析】固定资产的单位价值要在1000元以上。

【答案】B

15. 财政支出支付方式中，由财政部向中国人民银行和代理银行签发支付指令，代理银行根据支付指令通过国库单一账户体系将资金直接支付到收款人或用款单位账户的方式称为（　　）。

  A. 财政直接支付　　　　B. 财政授权支付
  C. 财政委托支付　　　　D. 财政集中支付

【解析】题干描述属于财政直接支付的概念。

【答案】A

16. 公务卡制度是规范公务消费支出、打造"阳光财政"的一项基础性财政财务管理制度。按照有关规定，公务卡的持卡人是（　　）。

  A. 全体干部　　　　　　B. 正式在职人员
  C. 正式在编人员　　　　D. 单位财务人员

【解析】根据《单位公务卡管理办法（试行）》第六条规定，单位公务卡的持卡人应为预算单位正式在编人员。持卡人一人一卡，不允许一人持有多张单位公务卡。

【答案】C

17. 结转资金盘活使用是指预算单位支出结转资金的行为，结转资金支出应按照先进先出的原则进行管理，结转资金尚未消化完毕，原则上（　　）使用当年预算收入列支。

  A. 可以   B. 不得

  C. 有条件   D. 以上都不对

【解析】 按照财务管理规定，结转资金尚未消化完毕的，原则上还是仅用结转资金，不使用当年预算收入列支。

【答案】B

18. 税务总局对"一上""二上"经费测算及根据财政部要求临时性测算中财人员经费后，将经费测算结果下发各级单位核对并进行抽查。抽查面应覆盖全部有关省，且不得低于全部单位的（ ）。

  A. 1%   B. 2%

  C. 3%   D. 5%

【解析】 按照财务管理规定，抽查面应为3%。

【答案】C

19. 每年（ ），代理银行根据财政部的通知，将基层预算单位零余额账户中的剩余额度注销，并向预算单位提供对账单。

  A. 12月31日   B. 1月1日

  C. 5月31日   D. 6月30日

【解析】 按照财务管理规定，剩余额度在上年度12月31日注销。

【答案】A

20. 财政部及各地专员办按照规定期限对中央预算单位银行账户进行监督，通过年检制度核实各预算单位银行账户情况。该规定期限是（ ）。

  A. 每半年   B. 每一年

  C. 每两年   D. 每三年

【解析】 根据《财政部关于做好中央预算单位银行账户年检工作的通知》的规定，该规定期限是每年。

【答案】B

21. 税务系统预算内容有严格的分类规定，工资福利支出属于（ ）。

  A. 项目支出

  B. 公用经费

  C. 人员经费

  D. 对家庭和个人补助支出

【解析】 工资福利支出属于人员经费。

【答案】C

22. 某税务局因经费紧张，计划出租2间办公用房，以下表述正确的是（ ）。

A. 不得有偿出租，只能免费出借

B. 可以出租，租金不得高于市场平均水平

C. 不得出租、出借办公用房

D. 可以出借，但不得超过 1 年

【解析】税务系统行政单位不得出租、出借办公用房和公务用车。已经出租、出借的办公用房原合同到期应予收回。

【答案】C

23. 关于资金监控管理中有关市级税务局的工作职责，表述不正确的是（　　）。

A. 组织开展本市税务系统资金监控工作

B. 审批及核查本市税务系统监控事项

C. 对支付业务进行事前风险防范和事中风险控制

D. 汇总上报省级税务局下发的疑点信息核实情况，认定违规事项并督促纠正

【解析】对支付业务进行事前风险防范和事中风险控制不属于市级税务局的工作职责。

【答案】C

24. 项目建设单位提出设计变更的，须提出变更的理由和依据，经监理总工程师签字确认，报本单位局长办公会审议后，由原设计单位出具（　　）。

A. 设计变更图和核定通知文书

B. 设计图

C. 核定通知文书

D. 建设责任书

【解析】项目建设单位提出设计变更的，须提出变更的理由和依据，经监理总工程师签字确认，报本单位局长办公会审议后，由原设计单位出具设计变更图和核定通知文书。

【答案】A

25. 各级预算单位编制用款计划的上报类型不包括（　　）。

A. 正式上报　　　　　B. 补报

C. 特殊上报　　　　　D. 额度调整

【解析】各级预算单位编制用款计划的上报类型不包括额度调整。

【答案】D

26. 原始凭证的真实性审核不包括（　　）。

A. 凭证登记的日期是否真实

B. 记载的业务内容是否真实

C. 填报的数据是否真实

D. 原始凭证数字是否清晰

【解析】原始凭证的真实性审核不包括数字是否清晰。

【答案】D

27. 下列不属于日常账务管理流程中对账要求的是（　　）。
   A. 账表相符　　　　　　　B. 账证相符
   C. 账实相符　　　　　　　D. 账账相符

【解析】选项 B、C、D 属于日常账务管理流程中对账要求。

【答案】A

28. 财务部门临时保管会计档案最长不超过（　　）年。
   A. 1　　　　　　　　　　B. 2
   C. 3　　　　　　　　　　D. 4

【解析】财务部门临时保管会计档案最长不超过 3 年。

【答案】C

29. 财务会计原则上采取的核算原则是（　　）。
   A. 权责发生制　　　　　　B. 收付实现制
   C. 会计责任制　　　　　　D. 账实相符制

【解析】财务会计原则上采取的核算原则是权责发生制。

【答案】A

30. 单位应采用年限平均法按固定时限计提摊销，该固定时限是（　　）。
   A. 日　　　　　　　　　　B. 月
   C. 季　　　　　　　　　　D. 年

【解析】单位应采用年限平均法按月计提摊销。

【答案】B

31. 置换所得超出面积标准的办公用房，按规定权限进行（　　）。
   A. 封存　　　　　　　　　B. 调剂使用
   C. 出售　　　　　　　　　D. 出租

【解析】根据《党政机关办公用房管理办法》第十三条规定，置换所得超出面积标准的办公用房由机关事务管理部门统一调剂。

【答案】B

32. 经审批同意出租办公用房的，出租期限原则上不得超过（　　）年，并应当考虑税务系统办公办税需求等因素在合同中约定终止条款。
   A. 1　　　　　　　　　　B. 5
   C. 10　　　　　　　　　 D. 20

【解析】略

【答案】B

33. 公务卡是指税务系统工作人员持有的,主要用于日常公务支出和财务报销业务的（   ）。
    A. 借记卡   B. 信用卡
    C. 储蓄卡   D. 准贷记卡

【解析】略

【答案】B

34. 政府全部预算支出以预算项目的形式纳入（   ）管理,预算项目作为预算管理的基本单元,实行全生命周期管理。
    A. 预算编制   B. 项目库
    C. 预算执行   D. 基础信息

【解析】根据《国务院关于进一步深化预算管理制度改革的意见》相关要求,政府的全部收入和支出都应当依法纳入预算,预算支出全部以项目形式纳入预算项目库,实施项目全生命周期管理。

【答案】B

35. 应当以（   ）为主要平台公开决算,并保持长期公开状态。
    A. 本单位门户网站
    B. 互联网站
    C. 地方政府门户网站
    D. 外网网站

【解析】根据《部门决算管理办法》第二十五条规定,各部门、各单位应当以本部门、本单位门户网站为主要平台公开决算,并保持长期公开状态。

【答案】A

36 行政单位应当加强资产日常管理工作,做好资产建账、核算和登记工作,定期或者不定期进行清查盘点、对账,保证（   ）。
    A. 账账相符,账证相符
    B. 账账相符,账表相符
    C. 账账相符,表表相符
    D. 账账相符,账实相符

【解析】根据《行政单位财务规则》第三十六条规定,行政单位应当加强资产日常管理工作,做好资产建账、核算和登记工作,定期或者不定期进行清查盘点、对账,保证账账相符、账实相符。

【答案】D

37. 属于行政单位收入的是（   ）。

A. 上缴财政的罚没收入

B. 行政事业性收费收入

C. 政府性基金收入

D. 财政拨款收入

【解析】根据《行政单位财务规则》第十六条规定，收入是指行政单位依法取得的非偿还性资金包括财政拨款收入和其他收入。行政单位依法取得的应当上缴财政的罚没收入、行政事业性收费收入、政府性基金收入、国有资源（资产）有偿使用收入等，不属于行政单位的收入。

【答案】D

38. 行政单位应当严格执行（　　）和政府采购法律制度等规定。

A. 国库集中支付制度

B. 资金管理制度

C. 成本管理制度

D. 收入利润管理制度

【解析】根据《行政单位财务规则》第二十三条规定，行政单位应当严格执行国库集中支付制度和政府采购法律制度等规定。

【答案】A

39. 向上一级预算单位申报预算，且没有下级预算单位的行政单位，为（　　）。

A. 基层预算单位　　　　B. 一级预算单位

C. 二级预算单位　　　　D. 三级预算单位

【解析】根据《行政单位财务规则》第七条规定，向上一级预算单位申报预算，且没有下级预算单位的行政单位，为基层预算单位。

【答案】A

40. 行政单位财务监督不包括对（　　）的监督。

A. 预算管理　　　　　　B. 收入管理

C. 支出管理　　　　　　D. 财务人员管理

【解析】根据《行政单位财务规则》第五十七条规定，行政单位财务监督主要包括对预算管理、收入管理、支出管理、结转和结余管理、资产管理、负债管理等的监督。

【答案】D

41. 公务接待费是指单位按规定开支的各类（　　）支出。

A. 公务用车接送

B. 公务接待（不含外宾接待）

C. 公务接待（含外宾接待）

D. 公款宴请

【解析】略

【答案】C

42. 施工过程中施工单位发现施工图设计存在缺陷确需变更的，应当由（　　）出具设计变更图和核定通知文书。

  A. 建设单位   B. 施工单位

  C. 监理单位   D. 原设计单位

【解析】施工过程中施工单位发现施工图设计存在缺陷确需变更的，应当由施工单位提出，并经原设计单位说明变更的理由和依据，报监理单位及项目建设单位确认后，由原设计单位出具设计变更图和核定通知文书。

【答案】D

43. 预算单位资金支付类型不包括（　　）。

  A. 购买性支出

  B. 纳入财政统发范围的工资和离退休经费

  C. 委托收款

  D. 委托汇款

【解析】根据《中央财政预算管理一体化资金支付管理办法（试行）》第十二条规定，资金支付分为购买性支出、公务卡还款、纳入财政统发范围的工资和离退休经费、委托收款。

【答案】D

44. 部门决算报告体系不包括（　　）。

  A. 决算报表

  B. 报表说明

  C. 预算执行情况概述

  D. 决算分析

【解析】根据《部门决算管理办法》第七条规定，部门决算报告体系包括决算报表、报表说明和决算分析。

【答案】C

45. 行政单位资产处置应当遵循的原则不包括（　　）。

  A. 公开   B. 公平

  C. 协商   D. 竞争

【解析】根据《行政单位财务规则》第四十三条规定，行政单位资产处置应当遵循公开、公平、公正和竞争、择优的原则，依法进行资产评估，严格履行相关审批程序。

【答案】C

46. 单位新配置办公用房后,应当在搬入新办公用房后( )个月内,将超出核定面积的原有办公用房腾退。

  A. 1   B. 3
  C. 5   D. 6

【解析】根据《党政机关办公用房管理办法》第十七条规定,新配置办公用房的党政机关,应当在搬入新办公用房后1个月内,将超出核定面积的原有办公用房腾退移交同级机关事务管理部门统一调剂使用,不得继续占用或者自行处置,不得自行安排其他单位使用。

【答案】A

47. 工作人员调离或者退休的,使用单位应当在办理调离或者退休手续后( )个月内收回其办公用房。

  A. 1   B. 3
  C. 5   D. 6

【解析】根据《党政机关办公用房管理办法》第十九条规定,工作人员调离或者退休的,使用单位应当在办理调离或者退休手续后1个月内收回其办公用房。

【答案】A

48. 各级预算应当遵循的原则不包括( )。

  A. 统筹兼顾   B. 量力而行
  C. 讲求效率   D. 勤俭节约

【解析】根据《中华人民共和国预算法》第十二条规定,各级预算应当遵循统筹兼顾、勤俭节约、量力而行、讲求绩效和收支平衡的原则。

【答案】C

49. 各级政府连续两年未用完的结转资金,应当作为( )来管理。

  A. 结转项目的支出   B. 结余资金
  C. 结转资金   D. 预算外资金

【解析】根据《中华人民共和国预算法》第四十二条规定,各级政府上一年预算的结转资金,应当在下一年用于结转项目的支出;连续两年未用完的结转资金,应当作为结余资金管理。

【答案】B

二、多项选择题

1. 财务管理的法律法规体系包括( )。

  A. 与财务管理相关的法律
  B. 行政法规

C. 部门规章

D. 规范性文件

【解析】选项A、B、C、D都是与财务管理的法律法规体系中不同层级的内容。

【答案】ABCD

2. 税务系统的会计核算主体可以区分为（　　）。

   A. 主管会计单位　　　　　　B. 二级会计单位

   C. 三级会计单位　　　　　　D. 基层会计单位

【解析】会计核算主体没有三级会计单位。

【答案】ABD

3. 下列关于会计核算的说法，正确的有（　　）。

   A. 税务系统收支核算必须服从预算管理的要求

   B. 税务系统不进行成本核算，对各项支出的发生情况要进行严格的考核和监督，保证国家预算资金的安全

   C. 税务系统各级单位的各项资金和财产，均应纳入本级单位进行会计核算

   D. 会计期间分为年度、季度

【解析】会计的期间还包括月度，选项D表述不全。

【答案】ABC

4. 税务系统行政单位的会计要素有五个，除支出外，还包括（　　）。

   A. 资产　　　　　　　　　　B. 负债

   C. 净资产　　　　　　　　　D. 收入

【解析】会计要素也称会计报表要素，它是会计反映和核算的具体内容。税务系统行政单位的会计要素有五个，包括资产、负债、净资产、收入和支出。

【答案】ABCD

5. 流动负债是指预计在1年内（含1年）偿还的负债。行政单位的流动负债包括（　　）。

   A. 应缴财政款　　　　　　　B. 应缴税费

   C. 应付职工薪酬　　　　　　D. 长期应付款

【解析】行政单位的非流动负债主要是长期应付款，即行政单位发生的偿还期限超过1年（不含1年）的应付款项。

【答案】ABC

6. 下列关于预算法的说法，正确的有（　　）。

   A. 政府全部收支纳入预算，完善全口径预决算体系

   B. 透明预算入法，从源头上防治腐败

   C. 规范地方政府债务管理，严控债务风险

D. 勤俭节约入法，硬化预算支出约束

【解析】选项A、B、C、D都是《中华人民共和国预算法》规定的内容。

【答案】ABCD

7. 税务系统预算编制程序划分包括（　　）阶段。
   A. "一上"　　　　　　　　B. "一下"
   C. "二上"　　　　　　　　D. "二下"

【解析】按照实际工作程序，税务系统预算编制程序划分为"一上""一下""二上""二下"四个阶段。

【答案】ABCD

8. 下列关于税务预算收入的内容，表述正确的有（　　）。
   A. 税务系统部门预算收入是各级税务局编制年度预算时，预计该年度从不同渠道取得的各类收入的总称，是税务系统行政事业单位为履行职能，完成各项工作任务的财力保障
   B. 税务系统预算收入包括中央财政收入、事业收入、其他收入及上年结转等，不包括事业单位经营收入
   C. 税务系统在预测收入预算时，应本着科学、合理的原则，遵循来源合法合规、内容全面完整、数字真实准确的总体要求，编制收入预算
   D. 根据部门的发展规划、行使职能的需要对年度部门收入进行测算、分析，是部门预算编制工作的重要内容

【解析】事业单位经营收入也是税务系统预算收入的内容。

【答案】ACD

9. 下列关于税务预算基本支出的内容，表述正确的有（　　）。
   A. 基本支出预算是部门支出预算的主要组成部分，是行政事业单位为保障其机构正常运转、完成日常工作任务所必需的开支，包括人员经费和日常公用经费两部分
   B. 基本支出预算的编制应遵循综合预算、优先保障和定员定额管理的原则
   C. 基本支出预算实行定员定额管理原则
   D. 中财拨款公用经费最低保障线是指省级以下预算单位正常工作运转所必需的中央财政拨款公用经费

【解析】中财拨款公用经费最低保障线是指县（区）级基层预算单位正常工作运转所必需的中央财政拨款公用经费。此项制度的实行，对进一步深化部门预算改革，优化预算分配结构，落实经费向征管、向基层、向中西部倾斜的分配原则起到了积极推动和保障作用。

【答案】ABC

10. 测算和编制行政事业单位基本支出预算的重要依据有（   ）。

   A. 单位人员编制情况
   B. 资产占有情况
   C. 定额标准
   D. 单位规模

【解析】基本支出预算实行定员定额管理原则。单位人员编制情况、资产占有情况、定额标准是测算和编制行政事业单位基本支出预算的重要依据。

【答案】ABC

11. 下列关于预算执行管理的说法，正确的有（   ）。

   A. 预算执行管理是指对预算由计划变为现实的具体实施过程的管理
   B. 预算执行管理是预算实施的关键环节，以预算为目标，通过目标实施、反馈和调整逐步接近预算目标，最终实现预算目标
   C. 预算执行管理就是指预算指标拆解
   D. 预算管理岗应对年度已批复及调整的预算按资金性质和功能分类进行汇总，并提供给其他财务管理岗

【解析】预算执行管理包括预算指标拆解和年度预算指标对账。年度预算指标对账是指年度终了后，税务系统上下级预算单位间对预算批复及调整数据进行核对的过程，也是预算执行管理的内容。

【答案】ABD

12. 下列关于财政拨款结转和结余资金管理的说法，正确的有（   ）。

   A. 结转和结余资金是预算单位年度各项收入与支出相抵后的余额资金
   B. 按资金来源不同，结转结余资金分为中央财政拨款结转结余资金和其他收入结转资金
   C. 财政拨款结余资金是指按年度结算后尚未列支的项目支出预算资金
   D. 财政拨款结转资金是指预算未执行完，下年需按原用途继续使用的预算资金

【解析】财政拨款结余资金是指项目实施周期已结束、项目目标完成或项目提前终止，尚未列支的项目支出预算资金。

【答案】ABD

13. 税务系统行政单位固定资产实行分类管理，一般分为六类：包括房屋及构筑物；文物和陈列品；图书、档案；家具、用具、装具等。还包括（   ）。

   A. 通用设备　　　　　　B. 专用设备
   C. 特殊设备　　　　　　D. 特种设备

【解析】按照固定资产的分类，应选择选项 A、B。

【答案】AB

14. 预算年度开始后，各级预算草案在本级人民代表大会批准前，可以安排的支出包括（　　）。

    A. 上一年度结转的支出
    B. 参照上一年同期的预算支出数额安排必须支付的本年度部门基本支出、项目支出，以及对下级政府的转移性支出
    C. 法律规定必须履行支付义务的支出，以及用于自然灾害等突发事件处理的支出
    D. 本年度结转的支出

【解析】根据《中华人民共和国预算法》第五十四条规定，预算年度开始后，各级预算草案在本级人民代表大会批准前，可以安排下列支出：①上一年度结转的支出；②参照上一年同期的预算支出数额安排必须支付的本年度部门基本支出、项目支出，以及对下级政府的转移性支出；③法律规定必须履行支付义务的支出，以及用于自然灾害等突发事件处理的支出。根据前款规定安排支出的情况，应当在预算草案的报告中作出说明。

【答案】ABC

15. 预算单位名称变更时应提供的资料有（　　）。

    A. 申请变更预算单位名称的文件
    B. 单位名称调整文件的复印件
    C. 统一社会信用代码证（复印件）
    D. 财务管理部门负责人身份证复印件
    E. 会计人员身份证复印件

【解析】预算单位名称变更时应提供的资料包括：申请变更预算单位名称的文件、单位名称调整文件的复印件、统一社会信用代码证（复印件）。

【答案】ABC

16. 预算评审的内容包括（　　）。

    A. 完整性审核　　　　　　B. 必要性审核
    C. 可行性审核　　　　　　D. 合理性审核
    E. 合法性审核

【解析】选项A、B、C、D均为预算评审的内容。

【答案】ABCD

17. "二上"阶段包括（　　）。

    A. "二上"预算准备
    B. "二上"预算测算

C. "二上"预算编制

D. "二上"预算审核签报

E. "二上"预算审核上报

【解析】"二上"阶段包括预算准备、编制、审核上报。

【答案】ACE

18. 下列关于预算单位的表述,正确的有（　　）。

A. 具有法人资格

B. 具有执法资格

C. 与中央财政部门有缴拨款关系

D. 可以是独立核算的行政单位

E. 可以是独立核算的事业单位

【解析】预算单位不必具有执法资格。

【答案】ACDE

19. 财务公开有利于（　　）。

A. 建立健全公开、透明、规范的财务监督机制

B. 提高财务工作的透明度和办事效率

C. 落实干部职工对财务工作的知情权、参与权和监督权

D. 增强应对各项监督检查的敏锐性

E. 人事调整

【解析】财务公开,即各单位为建立健全公开、透明、规范的财务监督机制,提高财务工作的透明度和办事效率,落实社会和税务干部职工对财务工作的知情权、参与权和监督权,按照国家法律、法规和有关政策规定,向社会、本级及所属单位公开财务管理相关规章制度、预决算、资产、基建管理等财务事项。

【答案】ABC

20. 行政单位应当在年终清理结算的基础上进行年终结账。年终结账包括（　　）。

A. 年终转账　　　　　　　B. 结清旧账

C. 记入新账　　　　　　　D. 发放工资

E. 录入资产

【解析】行政单位在年终清理结算的基础上进行年终结账。年终结账包括年终转账、结清旧账和记入新账。

【答案】ABC

21. 下列属于"三公"经费内容的有（　　）。

A. 因公出国（境）费

B. 工会经费

C. 公务用车购置及运行费

D. 公务接待费

【解析】"三公"经费包括：因公出国（境）费、公务用车购置及运行费、公务接待费。

【答案】ACD

22. 关于零余额账户，下列表述正确的有（ ）。

   A. 零余额账户的变更各单位可以自行办理，后向财政部备案

   B. 税务系统预算单位零余额账户是财政部为预算单位批准设立的余额为零的账户

   C. 预算单位可以选择浦发银行作为本单位零余额账户的代理银行

   D. 每年年底，财政部将随机抽取税务系统部分基层单位，开展代理银行服务质量问卷调查考评

【解析】零余额账户的开立、变更与撤销须经同级财政部门批准，并按照财政国库管理规定的程序和要求执行。

【答案】BCD

23. 关于结余资金的处理，说法正确的有（ ）。

   A. 结余资金统一由财政收回

   B. 结余资金可由各部门向财政部门报备后调剂使用

   C. 基建结余资金全部收回

   D. 可在执行中及时确认结余

【解析】结余资金应按规定交回财政。

【答案】ACD

24. 关于预算调整和预算调剂，说法正确的有（ ）。

   A. 都是对预算进行变更

   B. 两者影响的范围不同

   C. 预算调剂主要针对预算总支出和社会关注的重点支出的变化，影响范围较大

   D. 预算调剂主要针对具体预算项目相关情况的变化，影响范围较小

【解析】预算调整主要针对预算总支出和社会关注的重点支出的变化，影响范围较大，预算调剂主要针对具体预算项目相关情况的变化，影响范围较小。

【答案】ABD

25. 关于结转结余资金管理，说法正确的有（ ）。

   A. 基本支出年度剩余资金仍作为结转管理

   B. 项目支出按照实施周期划分结转结余

C. 连续三年未用完的项目资金作为结余

D. 允许项目中部分资金提前确认为结余

【解析】在实施周期内，连续两年（指批复预算资金的当年和下一年度）未用完的项目支出预算资金，作为结余资金管理。

【答案】ABD

26. 行政单位编制预算，应当综合考虑的因素有（　　）。

A. 年度工作计划和收支预测

B. 以前年度预算执行情况

C. 以前年度结转和结余情况

D. 资产配置标准和存量资产情况

【解析】行政单位编制预算，应当综合考虑以下因素：①年度工作计划和收支预测；②以前年度预算执行情况；③以前年度结转和结余情况；④资产配置标准和存量资产情况；⑤有关绩效结果；⑥其他因素。

【答案】ABCD

27. 下列不属于行政单位的收入的有（　　）。

A. 罚没收入

B. 行政事业性收费收入

C. 政府性基金收入

D. 国有资源（资产）有偿使用收入

【解析】应当上缴财政的罚没收入、行政事业性收费收入、政府性基金收入、国有资源（资产）有偿使用收入等，不属于行政单位的收入。

【答案】ABCD

28. 下列属于固定资产特点的有（　　）。

A. 使用期限超过1年

B. 单位价值在1000元以上

C. 使用过程中基本保持原有物质形态

D. 耐用时间在1年以上的大批同类物资

【解析】固定资产是指使用期限超过1年，单位价值在1000元以上，并且在使用过程中基本保持原有物质形态的资产。单位价值虽未达到规定标准，但是耐用时间在1年以上的大批同类物资，作为固定资产管理。

【答案】ABCD

29. 下列属于应缴款项的有（　　）。

A. 罚没收入

B. 行政事业性收费收入

C. 政府性基金收入

D. 国有资源（资产）有偿使用收入

【解析】应缴款项是指行政单位依法取得的应当上缴财政的资金，包括罚没收入、行政事业性收费收入、政府性基金收入、国有资源（资产）有偿使用收入等。

【答案】ABCD

30. 行政单位财务监督的方式包括（　　）。

　　A. 事前监督、事中监督、事后监督

　　B. 日常监督

　　C. 对违反财务规章制度的问题检查处理

　　D. 专项监督

【解析】行政单位财务监督应当实行事前监督、事中监督、事后监督相结合，日常监督与专项监督相结合，并对违反财务规章制度的问题进行检查处理。

【答案】ABCD

31. 单位购置车辆的限制因素有（　　）。

　　A. 车辆编制

　　B. 批复的新增资产配置计划

　　C. "公务用车购置费"预算

　　D. "公务接待费"预算

【解析】单位购置车辆时，限制因素有：车辆编制、批复的新增资产配置计划、"公务用车购置费"预算。

【答案】ABC

32. 工程项目施工合同价格形式包括（　　）。

　　A. 总价合同　　　　　　　　B. 单价合同

　　C. 费率折扣合同　　　　　　D. 成本加酬金合同

【解析】工程项目施工合同价格形式包括总价合同、单价合同、成本加酬金合同。

【答案】ABD

33. 施工合同支付方式可以采取的方式包括（　　）。

　　A. 按月支付　　　　　　　　B. 按季支付

　　C. 分段支付　　　　　　　　D. 竣工一次性支付

【解析】施工合同支付方式为按月支付、分段支付、竣工一次性支付。

【答案】ABD

34. 下列支出属于公务卡强制结算目录项目的有（　　）。

　　A. 办公设备购置费　　　　　B. 会议费

　　C. 办公费　　　　　　　　　D. 维修（护）费

【解析】选项 B、C、D 均属于公务卡强制结算目录项目。

【答案】BCD

35. 预算部门申报预算一般包括（　　）。
    A. "一上"申报　　　　　　B. "二上"申报
    C. "前期"申报　　　　　　D. "年终"申报

【解析】预算部门申报预算一般包括"一上"申报和"二上"申报。

【答案】AB

36. 预算评审选择行业专家的要求包括（　　）。
    A. 合理确定专家的数量
    B. 明确对专家的要求
    C. 选知名专家
    D. 数量越多越好

【解析】预算评审选择行业专家时，要合理确定专家的数量，坚持专家集体评审方式，对预算评审各事项要经过专家的集体讨论形成共同意见，避免项目评审结论由个别专家确定的情况。同时，要明确对专家的专业背景、业务能力等要求，综合考虑专业、工作单位等因素，优化专家结构。

【答案】AB

37. 事业单位非财政拨款结余的管理要求包括（　　）。
    A. 盘活存量　　　　　　B. 统筹安排
    C. 合理使用　　　　　　D. 适当超支

【解析】事业单位应当加强非财政拨款结余的管理，盘活存量，统筹安排，合理使用，支出不得超出非财政拨款结余规模。

【答案】ABC

38. 行政单位的资产包括（　　）。
    A. 流动资产　　　　　　B. 固定资产
    C. 无形资产　　　　　　D. 在建工程

【解析】行政单位的资产包括流动资产、固定资产、在建工程、无形资产、公共基础设施、政府储备物资、文物文化资产、保障性住房等。

【答案】ABCD

39. 决算分析包括（　　）。
    A. 收支预算执行情况分析
    B. 机构人员情况分析
    C. 预算绩效情况分析
    D. 决算管理工作开展情况

【解析】决算分析包括收支预算执行、机构人员、预算绩效等情况分析，以及决算管理工作开展情况。

【答案】ABCD

40. 根据各类预算支出性质和用途将预算项目分为（　　）。
    A. 人员类项目　　　　　　B. 运转类项目
    C. 特定目标类项目　　　　D. 基本类项目

【解析】根据各类预算支出性质和用途将预算项目分为人员类项目、运转类项目和特定目标类项目。

【答案】ABC

41. 项目建设单位组织的验收组成员包括（　　）。
    A. 勘察单位　　　　　　　B. 设计单位
    C. 施工单位　　　　　　　D. 监理单位

【解析】项目建设单位收到工程竣工报告后，应组织勘察、设计、施工、监理等单位组成验收组。

【答案】ABCD

42. 税务系统行政单位办公用房配置所需资金的管理要求包括（　　）。
    A. 不得接受任何形式的赞助或者捐款
    B. 不得搞任何形式的集资或者摊派
    C. 不得向其他任何单位借款
    D. 不得让施工单位垫资

【解析】税务系统行政单位办公用房配置所需资金，应当通过部门预算安排，不得接受任何形式的赞助或者捐款，不得搞任何形式的集资或者摊派，不得向其他任何单位借款，不得让施工单位垫资，严禁挪用各类专项资金。

【答案】ABCD

43. 对培训举办单位的要求，包括（　　）。
    A. 注重教学设计和质量评估
    B. 推进培训工作科学化、精准化
    C. 注重运用大数据
    D. 所需费用纳入部门预算予以保障

【解析】培训举办单位应当注重教学设计和质量评估，通过需求调研、课程设计和开发、专家论证、评估反馈等环节，推进培训工作科学化、精准化。注重运用大数据、"互联网＋"等现代信息技术手段开展培训和管理。所需费用纳入部门预算予以保障。

【答案】ABCD

44. 报销培训费，综合定额范围内的，应当提供的凭证有（　　）。

A. 培训计划审批文件

B. 培训通知

C. 实际参训人员签到表

D. 培训机构出具的收款票据、费用明细

【解析】报销培训费，综合定额范围内的，应当提供培训计划审批文件、培训通知、实际参训人员签到表以及培训机构出具的收款票据、费用明细等凭证。

【答案】ABCD

45. 税务系统办公用房具体包括（　　）。

A. 办公室　　　　　　　　B. 服务用房

C. 设备用房　　　　　　　D. 附属用房

【解析】根据《税务系统行政单位办公用房管理办法（试行）》，选项A、B、C、D都是办公用房。

【答案】ABCD

46. 关于税务系统办公用房调剂，下列说法正确的有（　　）。

A. 可单向调剂　　　　　　B. 可双向调剂

C. 可变更权属　　　　　　D. 可不变更权属

【解析】根据《税务系统行政单位办公用房管理办法（试行）》，选项A、B、C、D四种方式都可以采取。

【答案】ABCD

三、判断题

1. 向主管会计单位或上一级会计单位领报经费，并发生预算管理关系，有下一级会计单位的，为基层会计单位。（　　）

【解析】会计核算主体中有下级会计核算单位的是二级会计单位。

【答案】错误

2. 向上一级会计单位领报经费，并发生预算管理关系，没有下级会计单位的，为基层会计单位。（　　）

【解析】会计核算主体中没有下级会计核算单位的是基层会计单位。没有下级会计单位的省级税务局及地、市级税务局也属于基层会计单位。

【答案】正确

3. 税务系统会计核算基础是权责发生制，各类经济业务和事项都应当按规定采用权责发生制核算。（　　）

【解析】收付实现制是会计核算的基础，特殊业务才使用权责发生制。

【答案】错误

4. 税务系统资金运动是单向的，以拨款方式从财政部门取得经费来源，不需要偿还；办理公务过程中发生的资金支出，不求资金回报，呈单向运动状态。（ ）

【解析】只有支出，没有回报，单向运动，是行政机关资金运动的基本特点。

【答案】正确

5. 税务系统的会计记录应当使用中文，少数民族地区应使用本民族文字。（ ）

【解析】少数民族地区是可以同时使用民族文字，而不是应使用。

【答案】错误

6. 固定资产是指使用期限超过1年（含1年），单位价值在规定标准以上，并且在使用过程中基本保持原有物质形态的资产。（ ）

【解析】固定资产的使用期限一般在1年以上，不包括1年。

【答案】错误

7. 行政单位的负债按照流动性，分为流动负债和固定负债。（ ）

【解析】非流动负债和流动负债才是按照流动性对负债进行的分类。

【答案】错误

8. 行政单位的收入一般应当在收到款项时予以确认，并按照实际收到的金额进行计量。（ ）

【解析】行政单位采用收付实现制。

【答案】正确

9. 政府的全部收入和支出都应当纳入预算管理。（ ）

【解析】根据《中华人民共和国预算法》规定，各级政府、各部门、各单位应当按照该法规定，将所有政府收入全部列入预算、不得隐瞒、少列。

【答案】正确

10. 《中华人民共和国预算法》首次以法律形式明确了我国公共财政预算收支中的绩效管理要求，并将绩效的思维贯穿于预算编制、预算执行、决算以及预算审查的各个环节之中。（ ）

【解析】预算绩效入法，强化预算绩效管理是预算法的特点之一。

【答案】正确

11. 预算调整包括结转资金的调整和当年预算资金的调整，结转资金调整是指上级预算单位根据工作需要，对下级单位当年预算资金的再分配；或下级单位根据本单位的工作需要，申请调整本单位当年预算资金的过程。（ ）

【解析】结转资金调整是指上级预算单位根据工作需要，对下级单位结转资金的再分配的过程。当年预算资金调整是上级预算单位根据工作需要，对下级单位当年预算资金的再分配；或下级单位根据本单位的工作需要，申请调整本单位当年预算资金的过程。

【答案】错误

12. 基本支出定员定额管理是部门预算管理的重要组成部分,其主要内容包括:确定基本支出定员定额的项目,确定制定定员定额标准的依据,明确定员定额标准的一般程序和方法,建立定员定额标准体系,明确定员定额标准调整的情形等。（　　）

【解析】以上表述是基本支出定员定额管理的主要内容。

【答案】正确

13. 财政拨款结转资金是指预算未执行完,下年可以由原单位自由使用的预算资金。（　　）

【解析】财政拨款结转资金是指预算未执行完,下年需按原用途继续使用的预算资金。

【答案】错误

14. 结转结余资金管理包括结转结余资金划分、结转结余资金上报、结余资金上缴三个环节。（　　）

【解析】结转结余资金管理包括结转结余资金划分、结转结余资金上报、结转资金盘活使用、结余资金上缴四个环节。

【答案】错误

15. 基本建设项目建设期间形成的会计档案,由基建会计按会计档案管理要求整理装订,在基本建设项目办理竣工财务决算后必须办理交接手续,交单位档案管理部门集中保管。（　　）

【解析】因工作需要确需推迟移交的,可由财务部门或基建办临时保管1年,再移交单位档案管理部门。经单位档案管理部门同意,临时保管会计档案最长不超过3年。

【答案】错误

16. 各省级税务局和市级税务局是所属单位预算公开的主体,基层单位是本单位预算公开的主体。（　　）

【解析】根据规定,省、市级税务局负责本系统的预算公开,基层单位负责本单位的预算公开,因此,题干表述正确。

【答案】正确

17. 自上年度4月1日起至本年度3月31日止,因相关信息发生变化,需调整中央部门预算管理系统有关信息的预算单位,应按照上级有关要求收集整理变更信息的相关资料逐级汇总上报省级税务局,省级税务局在每年6月30日前向税务总局提出申请。（　　）

【解析】省级税务局应在每年的3月31日前向税务总局提出申请。

【答案】错误

18. 预算编制包括"一上""一下""二上"和"二下"四个阶段。（　　）

【解析】根据《税务系统财务管理规范(2.0版)》的相关规定,目前,税务系统预算编制分为题干中表述的四个阶段。

【答案】正确

19. 结余资金是指预算未全部执行或未执行，下年需按原用途继续使用的预算资金。（　　）

【解析】结转资金是指预算未全部执行或未执行，下年需按原用途继续使用的预算资金。

【答案】错误

20. 地方财政保障的人员经费由各省组织测算，按照地方财政保障范围和保障级次，各省级税务局、市级税务局及基层预算单位财务部门根据当地财政部门要求，以相关部门维护的人员信息、属地标准为依据，测算工资、津补贴发放项目，及以此为基数计提的养老保险、医疗保险、住房公积金等单位缴费所需经费。（　　）

【解析】根据《税务部门经费保障实施办法》规定，地方财政保障的人员经费由各省组织测算，按照地方财政保障范围和保障级次，各省级税务局、市级税务局及基层预算单位财务部门根据当地财政部门要求，以相关部门维护的人员信息、属地标准为依据，测算工资、津补贴发放项目，及以此为基数计提的养老保险、医疗保险、住房公积金等单位缴费所需经费。

【答案】正确

21. 单位不得违反规定转让、出借、代开、买卖财政票据、发票等票据，不得擅自扩大票据使用范围。（　　）

【解析】略

【答案】正确

22. 中央预算管理一体化系统上线后，代理银行根据支付凭证支付资金，不再进行额度控制。（　　）

【解析】略

【答案】正确

23. 部门决算，是指税务系统各级行政事业单位依据财政部和税务总局部门决算编审要求及其履行职能情况，在日常会计核算基础上编制，反映单位所有预算收支和结余执行结果及绩效等情况的综合性年度报告。（　　）

【解析】略

【答案】正确

24. 从财政部门或者上级预算单位取得的项目资金，可以调剂使用。（　　）

【解析】从财政部门或者上级预算单位取得的项目资金，应当按照批准的项目和用途使用，专款专用，在单位统一会计账簿中按项目明细单独核算，并按照有关规定报告资金使用情况，接受财政部门和上级预算单位的监督。

【答案】错误

25. 国家对行政单位实行收支统一管理、结转和结余按照规定使用的预算管理办法。（　　）

【解析】略

【答案】正确

26. 行政单位编制决算草案，直接报本级财政部门审批。（　　）

【解析】行政单位应当按照规定编制决算草案，逐级审核汇总后报本级财政部门审批。

【答案】错误

27. 《行政单位财务规则》自 2023 年 3 月 1 日起施行。（　　）

【解析】略

【答案】正确

28. 收入是指行政单位依法取得的非偿还性资金包括财政拨款收入和其他收入。（　　）

【解析】略

【答案】正确

29. 在预算执行中，如因客观需要导致预算支出的政府预算支出经济分类科目发生变动的，应当进行预算调剂。（　　）

【解析】略

【答案】正确

30. 预算调整主要针对预算总支出和社会关注的重点支出的变化，影响范围较大；预算调剂主要针对具体预算项目相关情况的变化，影响范围较小。（　　）

【解析】略

【答案】正确

31. 基本支出预算实行以实际测算为主的管理方式。（　　）

【解析】基本支出预算实行以定员定额为主的管理方式。

【答案】错误

32. 预算评审是各部门和单位为确保财政专项资金项目事项达到规定目标的适宜性、充分性和有效性所进行的活动。（　　）

【解析】略

【答案】正确

33. 特定目标类项目是指部门和单位为完成其特定的工作任务和事业发展目标所发生的支出项目。（　　）

【解析】略

【答案】正确

34. 对上报资料齐全、符合基建项目管理和财务管理规定、整改意见落实到位的基建项目，应当在 3 个月内批复竣工财务决算。（ ）

【解析】对上报资料齐全、符合基建项目管理和财务管理规定、整改意见落实到位的基建项目，应当在 6 个月内批复竣工财务决算。

【答案】错误

35. 预算编制管理是预算管理的初始环节，在推动预算编制更加科学完整中发挥重要的基础性作用。（ ）

【解析】基础信息管理是预算管理的初始环节，在推动预算编制更加科学完整中发挥重要的基础性作用。

【答案】错误

36. 基建项目完工可以投入使用或者试运行合格后，应当在 3 个月内编报竣工财务决算。（ ）

【解析】略

【答案】正确

37. 项目竣工验收合格后应当及时办理资产交付使用手续，并依据批复的项目竣工财务决算进行账务调整。（ ）

【解析】略

【答案】正确

38. 项目一般不得预留尾工工程，确需预留尾工工程的，尾工工程投资不得超过批准的项目概（预）算总投资的 5%。（ ）

【解析】略

【答案】正确

39. 项目建设单位应当严格控制建设成本的范围、标准和支出责任，超过批准建设内容发生的支出不得列入项目建设成本。（ ）

【解析】略

【答案】正确

40. 税务系统公务卡是指各级税务机关工作人员持有的，主要用于日常公务支出和财务报销业务的信用卡。（ ）

【解析】略

【答案】正确

41. 资产是指行政单位依法直接支配的、能以货币计量的各类经济资源。（ ）

【解析】略

【答案】正确

42. 预算调整主要针对预算总支出的变化，除调减重点支出情形外，不包括预算支出结构性的变更。（   ）

【解析】略

【答案】正确

43. 行业专家的选择和使用很大程度上决定了项目预算评审结论的客观公正性，因此选择使用专家是目前预算评审工作中非常重要的一项内容。（   ）

【解析】略

【答案】正确

44. 所有预算项目从项目库中挑选，没有入库的项目不得安排预算。（   ）

【解析】略

【答案】正确

45. 基层单位应当全面清理核实收入、支出等情况，并在预算的基础上编制决算。（   ）

【解析】基层单位应当全面清理核实收入、支出等情况，并在办理年终结账的基础上编制决算。

【答案】错误

46. 除涉及国家秘密的内容外，应当按照财政部和税务总局统一要求的范围、方式、时间和内容等有关规定，向社会公开经批复的决算。（   ）

【解析】略

【答案】正确

47. 代理银行根据支付凭证支付资金，对试点单位资金支付进行额度控制。（   ）

【解析】代理银行根据支付凭证支付资金，不再对试点单位资金支付进行额度控制。

【答案】错误

四、简答题

1. 中财拨款公用经费最低保障线制度是什么？有什么意义？

【答案】中财拨款公用经费最低保障线是指县（区）级基层预算单位正常工作运转所必需的中央财政拨款公用经费。此项制度的实行，对进一步深化部门预算改革，优化预算分配结构，落实经费向征管、向基层、向中西部倾斜的分配原则起到了积极推动和保障作用。在编报下一年"一上"部门预算时填报，中财拨款公用经费最低保障线一经批复，必须严格执行。

2. 预算编制包括"一上""一下""二上"和"二下"四个阶段。其中："一上"阶段是指什么？

【答案】"一上"阶段是指各级预算单位根据本单位事业发展需要和上级单位及财政部门的要求，使用中央部门预算管理系统上报本单位年度预算需求及三年支出规划建议数的过程。具体内容包括：编制基础信息数据库、规范津贴补贴经费测算相关数据、项目支出三年规划、新增资产配置及住房改革支出预算等，并层层审核汇总上报至财政部门。

3. 行政单位财务管理的主要任务是什么？

【答案】①科学、合理编制预算，严格预算执行，完整、准确、及时编制决算；②建立健全财务制度，实施内部控制管理，加强对行政单位财务活动的控制和监督；③全面实施绩效管理，提高资金使用效益；④加强资产管理，合理配置、有效利用、规范处置资产，防止国有资产流失；⑤按照规定编制决算报告和财务报告，真实反映单位预算执行情况、财务状况和运行情况；⑥对行政单位所属并归口行政财务管理的单位的财务活动实施指导、监督；⑦加强对非独立核算的机关后勤服务部门的财务管理，实行内部核算办法。

4. 项目因特殊情况确需增加投资概算应如何操作？

【答案】项目因特殊情况确需增加投资概算的，其投资概算的上浮比例不得超过项目建议书审批投资估算的10%；凡超过10%的项目应当重新办理项目建议书审批。因设计原因确需增加建筑面积的，其建筑面积的上浮比例不得超过项目建议书审批面积的5%；凡超过5%的项目应当重新办理项目建议书审批。

5. 基层单位编制决算的程序是什么？

【答案】①清理收支账目、往来款项，核对年度预算收支和各项缴拨款项，做到账实相符、账证相符、账表相符、表表相符。②按照规定的时间结账，不得提前或者延迟。③根据预算会计核算生成的数据和预、决算批复文件等，按照税务系统部门决算编制口径编制决算，如实反映年度内全部收支和结转结余，不得以估计数据替代，不得弄虚作假。

6. 预算执行动态监控中，预算单位中央财政资金支付情况监控内容是什么？

【答案】①是否按照财政部批准的年度预算科目、指标、支出范围和标准支付资金；②是否按照国库集中支付制度规定的方式、程序和账户等支付资金；③是否按照政府采购管理规定支付采购资金；④是否按照公务卡制度规定使用公务卡和报销公务支出；⑤是否按照现金管理规定提取使用现金；⑥是否按照财政财务管理规定的范围和标准计提基金、发放补贴和报销费用；⑦是否按照厉行节约反对浪费有关规定支付使用资金。

错题、要点整理页

第六章　政府采购、事务管理

>> 本章知识框架

节	细目	知识点	学习进度
政府采购	政府采购知识	【知识点1】政府采购的组织形式	
		【知识点2】政府采购方式	
		【知识点3】政府采购程序	
		【知识点4】政府采购合同	
事务管理基础	机关事务管理制度	【知识点】社会化改革的主要内容	
	机关事务管理基础	【知识点1】机关事务管理的概念	
		【知识点2】机关事务管理的特点	
物业管理	物业管理	【知识点1】物业管理的概念	
		【知识点2】物业管理的基本内容	
	安全管理与消防管理	【知识点1】安全管理的主要内容	
		【知识点2】消防管理的基本知识	
		【知识点3】消防管理的监督检查	
车辆管理	车辆管理知识	【知识点1】公务用车概述	
		【知识点2】公务用车编制及配备管理	
		【知识点3】公务用车使用管理	
食堂管理	食堂管理知识	【知识点1】食堂管理的基本内容	
		【知识点2】食品安全管理制度	
资产管理	资产管理知识	【知识点1】办公用房的基本知识	
		【知识点2】使用办公用房的基本规定	
		【知识点3】办公用房控制标准	

续表

节	细目	知识点	学习进度
公务接待与会务保障管理	公务接待	【知识点】公务接待管理	
	会务保障	【知识点】会务保障管理	
节约型机关建设	节约型机关建设	【知识点1】节约型机关的基本知识	
		【知识点2】节约型机关的主要任务	
		【知识点3】节约型税务机关建设的具体措施	

>> 习题演练

一、单项选择题

1. 根据《党政机关国内公务接待管理规定》，下列表述不正确的是（　　）。
   A. 接待对象应当按照规定标准自行用餐。确因工作需要，接待单位可以按公函行程安排工作餐，并严格控制陪餐人数。接待对象在 10 人以内的，陪餐人数不得超过 3 人；超过 10 人的，不得超过接待对象人数的 1/4
   B. 工作餐应当供应家常菜，不得提供鱼翅、燕窝等高档菜肴和用野生保护动物制作的菜肴，不得提供香烟和高档酒水，不得使用私人会所、高消费餐饮场所
   C. 国内公务接待的出行活动应当安排集中乘车，合理使用车型，严格控制随行车辆
   D. 接待费报销凭证应当包括财务票据、派出单位公函和接待清单。具备条件的地方应当采用银行转账或者公务卡方式结算，不得以现金方式支付

【解析】根据《党政机关国内公务接待管理规定》关于接待的相关规定，接待人数超过 10 人的，陪同人数不得超过接待对象人数的 1/3。

【答案】A

2. 根据《党政机关厉行节约反对浪费条例》，下列表述不正确的是（　　）。
   A. 党政机关应当遵循先有预算、后有支出的原则，严格执行预算，严禁超预算或者无预算安排支出，严禁虚列支出、转移或者套取预算资金
   B. 严格控制国内差旅费、因公临时出国（境）费、公务接待费、公务用车购置及运行费、会议费、培训费等支出。年度预算执行中不予追加，因特殊需要确需追加的，由财政部门审核后按程序报批

C. 差旅人员住宿、就餐由接待单位协助安排的，由接待单位按标准结算住宿费。差旅人员不得向接待单位提出正常公务活动以外的要求，不得接受礼金、礼品和土特产品等

D. 公务用车保险、维修、加油等实行政府采购，降低运行成本

【解析】根据《党政机关厉行节约反对浪费条例》规定，差旅人员住宿、就餐由接待单位协助安排的，由差旅人员自行按标准结算住宿费。

【答案】C

3. 根据《中央和国家机关会议费管理办法》的规定，下列表述不正确的是（　　）。

A. 一类会议会期按照批准文件，根据工作需要从严控制；二、三、四类会议会期均不得超过 2 天；传达、布置类会议会期不得超过 1 天。会议报到和离开时间，一、二、三类会议合计不得超过 2 天，四类会议合计不得超过 1 天

B. 四类会议参会人员视内容而定，一般不得超过 50 人

C. 会议费开支实行综合定额控制，各项费用之间不可以调剂使用

D. 各单位应当将非涉密会议的名称、主要内容、参会人数、经费开支等情况在单位内部公示或提供查询，具备条件的应当向社会公开

【解析】根据《中央和国家机关会议费管理办法》规定，会议费各项费用之间可以调剂使用。

【答案】C

4. 税务系统倡导节能减排，要求高峰时段每天少开 1 小时空调，使用空调时关好门窗，严格执行空调设定温度夏季不低于（　　）摄氏度、冬季不高于（　　）摄氏度。

A. 26，20　　　　　　　　B. 25，21
C. 25，20　　　　　　　　D. 26，19

【解析】略

【答案】A

5. 以下说法错误的是（　　）。

A. 税务总局综合业务办公用房新建、购建和改扩建项目，报国家机关事务管理局进行必要性审查后，由国家发展改革委核报国务院审批

B. 省级税务局综合业务办公用房新建、购建和改扩建项目，由税务总局报国家机关事务管理局进行必要性审查后，核报国家发展改革委审批

C. 市级税务局综合业务办公用房以及县级税务局投资总额超过 3000 万元的综合业务办公用房新建、购建和改扩建项目，由省级税务局审批

D. 税务总局综合业务办公用房维修改造项目，由国家机关事务管理局审批。省

级税务局和市级税务局投资总额 500 万元以上的综合业务办公用房维修改造项目，由税务总局审批

【解析】市级税务局综合业务办公用房以及县级税务局投资总额超过 3000 万元的综合业务办公用房新建、购建和改扩建项目，应由省级税务局核报税务总局审批。

【答案】C

6. 属于必须招标范围且超过国家、地方及税务系统政府采购限额标准的项目，应采用的采购方式是（　　）。

　　A. 竞争性谈判　　　　　B. 竞争性磋商
　　C. 单一来源采购　　　　D. 公开招标

【解析】根据财务管理规定，超过规定限额，且在必须招标范围的项目，应采用公开招标方式进行采购。

【答案】D

7. 根据国家税务总局的相关规定，张某已入选税务总局机关服务中心人才库，如果他在该人才库 2019 年度考核评价中排名靠前并达到一定位置，那么他在 2020 年参加全国税务系统领军人才学员选拔时可以得到适当加分。这里的"一定位置"指的是（　　）。

　　A. 排名位于机关服务中心人才库前 1%
　　B. 排名位于机关服务中心人才库前 3%
　　C. 排名位于机关服务中心人才库前 5%
　　D. 排名位于机关服务中心人才库前 10%

【解析】根据《国家税务总局专业人才库管理办法》（税总发〔2019〕68 号）第二十六条规定，总局专业人才库人员年度考核评价排名位于本专业人才库 5% 的，在次年参加全国税务系统领军人才学员选拔时给予适当加分。

【答案】C

8. 根据《国家机关事务管理局关于推进新时代机关事务工作的指导意见》（国管办〔2018〕116 号）的规定，机关事务管理部门干部职工队伍建设的目标是（　　）。

　　A. 打造政治过硬、作风优良、本领高强的工作队伍
　　B. 打造政治过硬、忠诚担当、本领高强的工作队伍
　　C. 打造政治可靠、忠诚担当、本领高强的工作队伍
　　D. 打造政治可靠、作风优良、本领过硬的工作队伍

【解析】根据《国家机关事务管理局关于推进新时代机关事务工作的指导意见》（国管办〔2018〕116 号）第五条规定，要把增强本领摆在更加突出的位置，强化能力素质提升，打造政治过硬、作风优良、本领高强的工作队伍，为新时代机关事务工作提供人才智力支撑。

【答案】A

9. 同属于 C 市管辖的 A 区税务局与 B 区税务局经过协商，计划将属于 A 区税务局的某栋办公楼调剂给 B 区税务局使用，那么该办公用房调剂配置工作的审批机关是（　　）。

    A. A 区税务局
    B. B 区税务局
    C. C 市税务局
    D. 管辖 C 市的省税务局

【解析】根据《税务系统行政单位办公用房管理办法（试行）》（税总发〔2019〕130 号）第十一条第二款规定，省级以下税务机关（不包含省级税务机关）使用的办公用房在省内调剂配置，由上一级税务机关审批。

【答案】C

10. 下列说法正确的是（　　）。

    A. 扫描仪配置数量上限按单位编制内实有人数的 10% 计算
    B. 票据打印机配置数量上限按单位编制内实有人数的 30% 计算
    C. 碎纸机配置数量上限按单位编制内实有人数的 10% 计算
    D. 一体机配置数量上限按单位编制内实有人数的 30% 计算

【解析】根据《中央行政单位通用办公设备家具配置标准》规定，扫描仪配置数量上限按单位编制内实有人数的 5% 计算；票据打印机根据机构职能和工作需要合理配置；碎纸机配置数量上限按单位编制内实有人数的 5% 计算；一体机配置数量上限按单位编制内实有人数的 30% 计算。

【答案】D

11. 下列说法正确的是（　　）。

    A. 置换办公用房所得收益可以用于补充本单位行政办公经费
    B. 某县税务局办公用房可以通过与本县政府之间调剂配置
    C. 某县税务局办公用房不可以通过与本县政府之间调剂配置
    D. 某市税务局办公用房不可以通过与本市海关之间调剂配置

【解析】根据《税务系统行政单位办公用房管理办法（试行）》规定，各级税务机关配置办公用房可以在税务系统内部调剂，也可以与其他中央单位、地方各级党政机关之间调剂，对于置换所得收益要按照非税收入有关规定管理，不能直接用于补充本单位的行政办公经费。

【答案】B

12. 2021 年，某市税务局有以下几个房屋维修改造项目，其中可以不作为基建项目管理的是（　　）。

A. 投资总额为 50 万元且不使用中央财政基建项目经费的
B. 投资总额为 250 万元且不使用中央财政基建项目经费的
C. 投资总额为 30 万元且使用中央财政基建项目经费的
D. 投资总额为 150 万元且使用中央财政基建项目经费的

【解析】根据《税务系统基本建设管理办法》第四条规定，投资总额 10 万元以上、不满 200 万元的房屋及设施设备的维修改造，凡不使用中央财政基建项目经费的，可以不作为基建项目管理，不适用该办法。

【答案】A

13. 某市税务局综合业务办公用房新建项目审批立项建筑面积 4000 平方米，投资概算 1500 万元，项目设计时因特殊情况发生变化。在申报的初步设计方案及投资概算中，下列数据正确的是（　　）。

A. 建筑面积 4160 平方米，投资概算 1670 万元
B. 建筑面积 4220 平方米，投资概算 1640 万元
C. 建筑面积 4200 平方米，投资概算 1650 万元
D. 建筑面积 4180 平方米，投资概算 1680 万元

【解析】根据《税务系统基本建设管理办法》第六十六条规定，因特殊情况确需增加投资概算的，其投资概算的上浮比例不得超过项目建议书审批投资估算的 10%；凡超过 10% 的项目应当重新办理项目建议书审批。因设计原因确需增加建筑面积的，其建筑面积的上浮比例不得超过项目建议书审批面积的 5%；凡超过 5% 的项目应当重新办理项目建议书审批。

【答案】C

14. 关于税务局基本建设项目施工管理，下列说法正确的是（　　）。

A. 项目建设单位应当按照规定对建筑材料和主要设备进行质量报验和检验
B. 项目建设单位应当按期对工程质量、工程进度、施工安全、建筑材料消耗和资金运用进行检查，切实加强施工现场监督
C. 项目涉及的所有需要办理现场签证的工程，只要有项目建设单位现场管理人员 2 人以上在场就可以进行现场核查验收
D. 对于项目建设单位负责提供的实行暂估价管理的主材和设备，只要经建设单位、施工单位、监理单位三方签字盖章后，即可交施工单位采购

【解析】根据《税务系统基本建设管理办法》规定，项目施工过程中，项目建设单位应当严格施工单位的管理，督促施工单位严格按照施工图、施工规范、技术规定等进行施工，按照规定对建筑材料和主要设备进行质量报验和检验，杜绝不合格的或者无生产许可证的材料和设备进入工地使用，确保工程质量达到国家建设标准。项目建设单位应当督促监理单位按照有关监理的职责要求、依据批准的项目建设文件和施

工合同，按期对工程质量、工程进度、施工安全、建筑材料消耗和资金运用进行检查，切实加强施工现场监督，加强工程质量、项目建设投资和项目建设进度管理。项目涉及的所有需要办理现场签证的工程，须由施工单位提出申请，并经监理单位和项目建设单位现场管理人员2人以上进行现场核查验收（含丈量、核实、拍照、绘制简易图、标明尺寸），按照规定办理签证手续。对于项目建设单位负责提供的实行暂估价管理的主材和设备，项目建设单位工程管理人员应当通过考察，综合市场因素，进行价格确定或者通过政府采购方式确定价格，签发标明材料设备名称、规格、型号、产地、数量、计价单位、价格等内容的通知单，经建设单位、施工单位、监理单位三方签字盖章后，交施工单位按具体要求实施采购。

【答案】A

15. 税务机关国内出差人员住宿由接待单位协助安排的，其住宿费的实际承担者是（　　）。

　　A. 接待单位
　　B. 出差人员
　　C. 出差人员所在单位
　　D. 出差人员所在单位和接待单位共同承担

【解析】根据《税务机关国内公务接待管理办法》规定，接待住宿应当严格执行差旅管理的有关规定，出差人员住宿费应当回本单位凭据报销。

【答案】C

16. 关于税务系统公务接待经费的预算管理，下列说法正确的是（　　）。

　　A. 应单独列支公务接待费用
　　B. 可由下级单位列支接待费用
　　C. 以举办会议为名列支接待费用
　　D. 可在非税收入中坐支接待费用

【解析】根据《税务机关国内公务接待管理办法》规定，各级税务机关应当加强对国内公务接待经费的预算管理，合理限定接待费预算总额。公务接待费用应当全部纳入预算管理，单独列示。禁止在接待费中列支应当由接待对象承担的差旅、会议、培训等费用，禁止以举办会议、培训为名列支、转移、隐匿接待费开支；禁止向下级单位及其他单位、企业、个人转嫁接待费用，禁止在非税收入中坐支接待费用；禁止借公务接待名义列支其他支出。

【答案】A

17. 税务总局机关服务中心召开的"全国税务系统机关服务中心标准化建设"研讨会属于（　　）。

　　A. 一类会议　　　　　　　　B. 二类会议

C. 三类会议　　　　　　　　D. 四类会议

【解析】根据《中央和国家机关会议费管理办法》第六条规定，四类会议，是指除该办法所述一、二、三类会议以外的其他业务性会议，包括小型研讨会、座谈会、评审会等。

【答案】D

18. 负责食品安全风险评估、食品安全标准制定的部门是（　　）。
    A. 食品安全委员会
    B. 质量监督部门
    C. 国务院卫生行政部门
    D. 工商行政管理部门

【解析】根据《中华人民共和国食品安全法》规定，国务院卫生行政部门负责组织食品安全风险评估工作、制定食品安全国家标准。

【答案】C

19. 在中华人民共和国境内，从事食品销售和餐饮服务活动，应当依法取得（　　）。
    A. 餐饮服务许可　　　　　B. 食品销售许可
    C. 食品采购许可　　　　　D. 食品经营许可

【解析】根据《食品经营许可和备案管理办法》第四条规定，在中华人民共和国境内，从事食品销售和餐饮服务活动，应当依法取得食品经营许可。

【答案】D

20. 餐饮服务提供者应当严格遵守国家食品药品监督管理部门制定的餐饮服务食品安全操作规范。下列说法错误的是（　　）。
    A. 应保持食品加工经营场所的内外环境整洁，消除老鼠、蟑螂、苍蝇和其他有害昆虫及其孳生条件
    B. 贮存食品原料的设备或场所，保持干净就可以
    C. 制作凉菜应当达到专人负责、专室制作、工具专用、消毒专用和冷藏专用的要求
    D. 操作人员应当保持良好的个人卫生

【解析】根据《餐饮服务食品安全操作规范》规定，要分区、分架、分类、离墙、离地存放食品。分隔或分离贮存不同类型的食品原料。

【答案】B

21. 机关事务工作高质量发展"一体两翼"是指（　　）。
    A. 以推进节能减排工作为方向，以标准化、信息化建设为支撑
    B. 以推进集中统一管理为方向，以标准化、信息化建设为支撑

C. 以推进集中统一管理为方向，以制度建设、数据化建设为支撑

D. 以提高服务管理质效为方向，以创新工作、优化人员结构为支撑

【解析】略

【答案】B

22. 目前，税务部门通用的后勤信息化系统是（   ）。
   A. 办公用房统计系统
   B. 后勤数字人事系统
   C. 公车管理信息系统
   D. 能耗数据统计监管平台

【解析】略

【答案】D

23. 劳动合同期限为3年以上的，试用期最长不得超过（   ）个月。
   A. 3   B. 6
   C. 9   D. 12

【解析】根据《中华人民共和国劳动合同法》第十九条规定，3年以上固定期限和无固定期限的劳动合同，试用期不得超过6个月。

【答案】B

24. 《"十四五"公共机构节约能源资源工作规划》提出，到2025年，全国公共机构二氧化碳排放总量控制在（   ）亿吨以内，单位建筑面积碳排放较2020年下降（   ）。
   A. 2，6%   B. 2，7%
   C. 4，6%   D. 4，7%

【解析】略

【答案】D

25. 我国能源发展的战略是（   ）。
   A. 节约与开发并举，将节约放在首位
   B. 开发为主，节约为辅
   C. 优化开发与重点开发并举，将优化开发放在首位
   D. 节约与开发并举，将开发放在首位

【解析】根据《中华人民共和国节约能源法》第四条规定，节约资源是我国的基本国策。国家实施节约与开发并举、把节约放在首位的能源发展战略。

【答案】A

26. 酸雨作为全球性环境问题之一，主要由（   ）气体的排放引起。
   A. 二氧化碳

B. 二氧化硫和氮氧化物

C. 臭氧

D. 一氧化碳

【解析】雨、雪等在形成和降落过程中，吸收并溶解了空气中的二氧化硫、氮氧化合物等物质，形成了酸雨。

【答案】B

27. 其他垃圾不包括（　　）。

　　A. 砖瓦陶瓷　　　　　　　B. 一次性用品
　　C. 食物残渣　　　　　　　D. 动物排泄物

【解析】其他垃圾包括砖瓦陶瓷、渣土、卫生间废纸瓷器碎片、动物排泄物、一次性用品等难以回收的废弃物。

【答案】C

28. 合理控制室内温度，夏季室内空调温度设置不低于（　　）摄氏度，冬季室内空调温度设置不高于（　　）摄氏度。

　　A. 26，20　　　　　　　　B. 27，22
　　C. 25，24　　　　　　　　D. 24，21

【解析】节约型税务机关建设提倡绿色办公，倡导高峰时段每天少开1小时空调，使用空调时关好门窗，严格执行空调设定温度夏季不低于26摄氏度、冬季不高于20摄氏度。

【答案】A

29. 加强公共机构名录库建设，夯实计量统计基础，加强计量器具配备，严格实行能源资源分户、分类、分项计量，重点用能系统和部位分项计量器具配备率达到（　　）。

　　A. 70%　　　　　　　　　B. 80%
　　C. 90%　　　　　　　　　D. 100%

【解析】根据《"十四五"公共机构节约能源资源工作规划》，加强公共机构名录库建设，夯实计量统计基础，加强计量器具配备，严格实行能源资源分户、分类、分项计量，重点用能系统和部位分项计量器具配备率达到100%。

【答案】D

30. 建设生态文明，要以资源环境承载能力为基础，以自然规律为准则，以（　　）、人与自然和谐为目标，建设生产发展、生活富裕、生态良好的文明社会。

　　A. 可持续发展　　　　　　B. 高质量发展
　　C. 加速发展　　　　　　　D. 提高效益

【解析】略

【答案】A

31. 用人单位未按法定情形解除或终止劳动合同时，（　　）向劳动者支付赔偿金。

  A. 应该   B. 可以

  C. 不需   D. 不得

【解析】根据《中华人民共和国劳动合同法》第八十七条规定，用人单位未按法定情形解除或终止劳动合同时应向劳动者支付赔偿金。

【答案】A

32. 施工成本管理的每一个环节都是相互联系和相互作用的，其中（　　）是成本决策的前提。

  A. 成本预测   B. 成本评估

  C. 成本计量   D. 成本核算

【解析】略

【答案】A

二、多项选择题

1. 政府采购供应商参加政府采购活动应当具备的条件包括（　　）。

  A. 具有独立承担民事责任的能力

  B. 具有良好的商业信誉和健全的财务会计制度

  C. 具有履行合同所必需的设备和专业技术能力

  D. 在经营活动中从未有重大违法记录

【解析】供应商参加政府采购活动应当具备下列条件：具有独立承担民事责任的能力；具有良好的商业信誉和健全的财务会计制度；具有履行合同所必需的设备和专业技术能力；有依法缴纳税收和社会保障资金的良好记录；参加政府采购活动前3年内，在经营活动中没有重大违法记录；法律、行政法规规定的其他条件。

【答案】ABC

2. 加强车辆维护保养和检修，认真执行出车前、行驶中和返回后的"三检"制度，做到（　　）情况不出车。

  A. 机械故障

  B. 制动系统不灵

  C. 油料不足

  D. 身体和情绪状况不好

【解析】选项A、B、C、D都是不出车的情形。

【答案】ABCD

3. 下列关于安全巡查表述正确的有（　　）。

A. 重点要害部位检查频率要高于一般部位，检查区域要完整，不能留有空白地段

B. 检查内容要全面，应包括治安、消防、保密等各个方面

C. 对检查中发现的问题、隐患能整改的要立即整改。一时难以整改的要采取临时防范措施，并及时报告有关部门和领导，抓紧进行整改

D. 在检查中，遇有突发性的紧急事件，巡检人员要及时报告，并按照应急突发事件处置预案采取果断措施，尽最大可能避免突发事件造成的损失和危害

【解析】选项 A、B、C、D 都是安全巡查的基本规定。

【答案】ABCD

4. 下列关于节能管理表述正确的有（　　）。

   A. 各级税务机关负责人对本单位节能工作全面负责。税务机关的节能工作实行目标责任制和考核评价制度，节能目标完成情况应当作为对税务机关负责人考核评价的内容

   B. 税务机关应当实行能源消费计量制度，区分用能种类、用能系统实行能源消费分户、分类、分项计量，并对能源消耗状况进行实时监测，及时发现、纠正用能浪费现象

   C. 税务机关应当在能源消耗定额范围内使用能源，加强能源消耗支出管理；超过能源消耗定额使用能源的，应当向上级人民政府管理机关事务工作的机构作出说明

   D. 应当设置能源管理岗位，实行能源管理岗位责任制。重点用能系统、设备的操作岗位应当配备专业技术人员

【解析】超过能源消耗定额使用能源的，应当向本级人民政府管理机关事务工作的机构作出说明。

【答案】ABD

5. 全国税务系统机关服务中心人才库人员，应当具备的基本条件有（　　）。

   A. 政治立场坚定

   B. 工作实绩突出

   C. 必须是中国共产党党员

   D. 5 年以上税收工作经历

   E. 3 年以上机关服务中心工作经历

【解析】根据《国家税务总局专业人才库管理办法》第十三条的规定，总局专业人才库人员，应当具备下列基本条件：①政治立场坚定，树牢"四个意识"、坚定"四个自信"、坚决做到"两个维护"，全面贯彻执行党的理论和路线方针政策，遵纪守法、廉洁自律；②爱岗敬业，具备良好的职业道德、业务素质和专业水平，创新意识强，

具有较强的实践经验和工作能力；③工作实绩突出，群众认可度高，在本单位或本专业领域工作中能起到骨干带头作用；④具有 5 年以上税收工作经历和 3 年以上相关岗位工作经历；⑤身体健康，能够承担正常的工作任务。

【答案】ABDE

6. 某市税务局机关服务中心拟通过社会招聘方式招聘 1 名食堂厨师，并签订临时用工合同。根据相关法律规定，该单位应该为聘用的厨师购买的社会保险项目包括（　　）。

  A. 基本医疗保险   B. 基本养老保险
  C. 失业保险   D. 商业保险
  E. 工伤保险

【解析】根据《中华人民共和国劳动法》规定，国家发展社会保险事业，建立社会保险制度，设立社会保险基金，使劳动者在年老、患病、工伤、失业、生育等情况下获得帮助和补偿。劳动者在下列情形下，依法享受社会保险待遇：①退休；②患病、负伤；③因工伤残或者患职业病；④失业；⑤生育。劳动者死亡后，其遗属依法享受遗属津贴。劳动者享受社会保险待遇的条件和标准由法律、法规规定。劳动者享受的社会保险金必须按时足额支付。根据《中华人民共和国社会保险法》第二条规定，国家建立基本养老保险、基本医疗保险、工伤保险、失业保险、生育保险等社会保险制度，保障公民在年老、疾病、工伤、失业、生育等情况下依法从国家和社会获得物质帮助的权利。

【答案】ABCE

7. 李四是国家税务总局机关服务中心人才库人员，应当及时调整退出总局机关服务中心人才库的情形有（　　）。

  A. 入选为全国税务领军人才学员
  B. 调离机关服务中心
  C. 受到行政记过处分
  D. 受到党内警告处分
  E. 受到行政记大过处分

【解析】根据《国家税务总局专业人才库管理办法》第二十八条的规定，有下列情形之一的，应当及时调整，退出总局专业人才库：①入选为全国税务领军人才学员的；②年度考核评价排名连续 2 年位于本专业人才库后 5% 的；③工作岗位发生变化，不宜继续留在本专业人才库的；④到龄退休或因病因伤等原因提前退休、提前离岗的；⑤辞职或被单位辞退的；⑥因违纪违法被单位开除，或受到严重警告以上党纪处分或记过以上政纪处分不宜继续留在专业人才库的；⑦本人自愿申请退出的；⑧相关司局认为不适合继续留在本专业人才库的其他情形。

【答案】ABCE

8. 税务系统行政单位办公用房配置方式主要包括（　　）。
   A. 调剂
   B. 建设
   C. 租用
   D. 置换
   E. 借用某国企办公室

【解析】根据《税务系统行政单位办公用房管理办法（试行）》第十条规定，税务系统行政单位办公用房配置方式包括调剂、置换、租用和建设。

【答案】ABCD

9. 下列属于固定资产实物管理部门配置管理工作职责的有（　　）。
   A. 制定固定资产配置管理办法
   B. 统一管理本单位配置的固定资产
   C. 编制资产配置计划
   D. 办理固定资产验收入库手续
   E. 建立固定资产卡片和登记台账

【解析】根据《税务系统财务管理规范（2.0版）》规定，固定资产实物管理部门在固定资产配置管理中负责按照资产配置标准审核配置申请，编制资产配置计划，统一管理本单位配置的固定资产，办理固定资产验收入库手续，建立固定资产卡片和登记台账。

【答案】BCDE

10. 下列关于固定资产清理盘点的说法，正确的有（　　）。
    A. 实物管理部门每年定期对固定资产进行清理盘点，会同财务部门制定本单位资产盘点工作方案
    B. 实物管理部门从资产管理信息系统中导出资产卡片清单，制定固定资产实物盘点情况表，使用部门根据实物盘点情况表清点固定资产实物
    C. 如果核对出现差异，由财务部门和实物管理部门共同现场盘点资产差异情况，查找原因并进行说明
    D. 实物管理部门根据固定资产盘点单、清理情况说明等有关资料认定损溢类型，并牵头准备相关损溢证据
    E. 财务部门对闲置、报废（损）、盘盈、盘亏的固定资产提出处置意见，按照规定的权限办理报批、登记和变更等手续

【解析】根据《税务系统财务管理规范（2.0版）》规定，实物管理部门每年定期对固定资产进行清理盘点，会同财务部门制定本单位资产盘点工作方案；实物管理部

门从资产管理信息系统中导出资产卡片清单，制定固定资产实物盘点情况表，使用部门根据实物盘点情况表清点固定资产实物；如果核对出现差异，由使用部门配合实物管理部门现场盘点资产差异情况，查找原因并进行说明；实物管理部门根据固定资产盘点单、清理情况说明等有关资料认定损溢类型，并牵头准备相关损溢证据，对闲置、报废（损）、盘盈、盘亏的固定资产提出处置意见，按照规定的权限办理报批、登记和变更等手续；财务部门按照规定的程序进行账务处理。

【答案】ABD

11. 现有办公用房按照政府有关部门的规定确需拆除或者搬迁，且无法调剂使用的，可以申请新建、购建的原因有（　　）。

　　A. 城市搬迁

　　B. 城市改造

　　C. 商业开发

　　D. 行政区划调整

　　E. 地方政府领导要求

【解析】根据《税务系统基本建设管理办法》第二十二条第二款规定，现有办公用房由于城市搬迁、城市改造、行政区划调整等原因，按照政府有关部门的规定确需拆除或者搬迁，且无法调剂使用的，可以申请新建、购建。

【答案】ABD

12. 根据《党政机关办公用房建设标准》的规定，不能列入建筑工程和安装工程建设内容的有（　　）。

　　A. 灯具　　　　　　　　B. 活动家具

　　C. 窗帘　　　　　　　　D. 饰物

　　E. 墙面

【解析】根据《党政机关办公用房建设标准》第三十八条规定，党政机关办公用房室内装修包括楼地面、墙面、柱面、天棚、内门窗、轻质隔墙、细部等，不包括活动家具、窗帘、饰物等。

【答案】BCD

13. 下列基建项目建设过程中，需要进行投资概算评审的项目有（　　）。

　　A. 新建综合业务用房项目

　　B. 购建附属用房项目

　　C. 投资超过 200 万元的维修改造项目

　　D. 投资超过 100 万元的设备

　　E. 项目开工后因地质条件发生重大变化申请调整投资额的

【解析】根据《税务系统基本建设管理办法》规定，新建、购建、改扩建项目以及投资总额 200 万元以上的维修改造项目初步设计审批前，须进行项目评审。因项目建设期价格大幅上涨、政策调整、地质条件发生重大变化和自然灾害等不可抗力因素等原因，导致原核定概算不能满足工程实际需要的，可以按项目审批权限向审批部门申请调整概算。审批部门委托评审，核定调整概算。

【答案】ABCE

14. 根据《税务机关国内公务接待管理办法》的规定，必须在《公务接待函》中载明的信息包括（   ）。

　　A. 接待单位　　　　　　　　B. 接待场所
　　C. 公务内容　　　　　　　　D. 行程安排
　　E. 人员名单

【解析】根据《税务机关国内公务接待管理办法》规定，公务外出确需接待的，派出单位应当向接待单位发出公函，告知内容、行程和人员，具体包括：接待单位、人员名单、公务内容、起止时间、行程安排、派出单位及所在部门等。

【答案】ACDE

15. A 市税务局有 12 名税务干部到 B 市税务局学习交流。当天晚上，B 市税务局为其安排工作餐。以下关于 B 市税务局有关工作餐的安排，符合规定的有（   ）。

　　A. 安排 3 人陪餐
　　B. 安排 6 人陪餐
　　C. 不可以上本地特色菜鱼翅
　　D. 可以上本地香烟
　　E. 安排在单位食堂接待

【解析】根据《党政机关国内公务接待管理规定》第十条规定，接待对象应当按照规定标准自行用餐。确因工作需要，接待单位可以安排工作餐一次，并严格控制陪餐人数。接待对象在 10 人以内的，陪餐人数不得超过 3 人；超过 10 人的，不得超过接待对象人数的三分之一。工作餐应当供应家常菜，不得提供鱼翅、燕窝等高档菜肴和用野生保护动物制作的菜肴，不得提供香烟和高档酒水，不得使用私人会所、高消费餐饮场所。

【答案】ACE

16. B 省税务局干部小刘到 A 省税务局调研，每日可报销市内交通费 80 元。下列关于小刘本次出差期间交纳市内交通费的表述，正确的有（   ）。

　　A. A 省税务局协助提供交通工具并有每日 60 元收费标准的，小刘按标准交纳
　　B. A 省税务局协助提供交通工具并有每日 100 元收费标准的，小刘按标准交纳
　　C. A 省税务局协助提供交通工具但没有收费标准的，小刘每半天按照日市内交通费标准的 50% 交纳

· 171 ·

D. A省税务局协助提供交通工具但没有收费标准的,小刘每半天按照日市内交通费标准的40%交纳

E. 小刘按标准交纳市内交通费后,可以向A省税务局索取相应的票据回单位报销费用

【解析】根据《财政部办公厅 国家机关事务管理局办公室 中共中央直属机关事务管理局办公室关于规范差旅伙食费和市内交通费收交管理有关事项的通知》第二条规定,出差人员出差期间按规定领取市内交通费。接待单位协助提供交通工具并有收费标准的,出差人员按标准交纳,最高不超过日市内交通费标准;没有收费标准的,每人每半天按照日市内交通费标准的50%交纳。接待单位协助安排用餐、提供交通工具的,出差人员应当索取相应的行政事业单位资金往来结算票据或税务发票等凭证,个人保存备查,不作为报销依据。

【答案】AC

17. 党政机关工作人员因公外出需要接待的,派出单位向接待单位发出公函必须包含的要素有( )。

  A. 内容　　　　　　B. 时间
  C. 行程　　　　　　D. 交通工具
  E. 人员

【解析】根据《党政机关国内公务接待管理规定》规定,公务外出确需接待的,派出单位应当向接待单位发出公函,告知内容、行程和人员。

【答案】ACE

18. 公务用车,是指党政机关配备的用于定向保障公务活动的机动车辆,包括( )。

  A. 机要通信用车
  B. 应急保障用车
  C. 特种专业技术用车
  D. 执法执勤用车
  E. 军队联勤用车

【解析】根据《党政机关公务用车管理办法》规定,公务用车包括机要通信用车、应急保障用车、执法执勤用车、特种专业技术用车以及其他按照规定配备的公务用车。

【答案】ABCD

19. 单位消防工作中,在疏散通道、安全出口及相应设施等方面,严厉禁止的行为包括( )。

  A. 占用疏散通道

B. 在安全出口或者疏散通道上设置醒目的标识

C. 在营业、生产、教学、工作等期间将安全出口上锁、遮挡或者将消防安全疏散指示标志遮挡、覆盖

D. 在安全出口或者疏散通道上安装栅栏等影响疏散的障碍物

E. 在安全出口或者疏散通道内使用机械排烟送风

【解析】根据《机关、团体、企业、事业单位消防安全管理规定》规定，单位应当保障疏散通道、安全出口畅通，并设置符合国家规定的消防安全疏散指示标志和应急照明设施，保持防火门、防火卷帘、消防安全疏散指示标志、应急照明、机械排烟送风、火灾事故广播等设施处于正常状态。严厉禁止下列行为：①占用疏散通道；②在安全出口或者疏散通道上安装栅栏等影响疏散的障碍物；③在营业、生产、教学、工作等期间将安全出口上锁、遮挡或者将消防安全疏散指示标志遮挡、覆盖；④其他影响安全疏散的行为。

【答案】ACD

20. 下列公务用车的使用管理中，正确的做法有（　　）。

    A. 严格执行停放制度
    B. 健全公务用车保险、维修、加油的用车单位自主采购制度
    C. 建立健全使用管理制度
    D. 严格公务用车使用的信息登记和公示制度
    E. 健全公务用车油耗、运行费用单车核算和年度绩效评价制度

【解析】根据《党政机关公务用车管理办法》规定，党政机关应当建立健全公务用车使用管理制度，严格执行，加强监督，降低运行成本。严格公务用车使用时间、事由、地点、里程、油耗、费用等信息登记和公示制度。严格执行回单位或者其他指定地点停放制度，节假日期间除工作需要外应当封存停驶。实行公务用车保险、维修、加油政府集中采购和定点保险、定点维修、定点加油制度，健全公务用车油耗、运行费用单车核算和年度绩效评价制度。

【答案】ACDE

21. 机关事务信息化重点工作有（　　）。

    A. 初步完成机关事务信息化标准体系建设
    B. 建成全国机关事务数据中心
    C. 建成覆盖各省、自治区、直辖市的全国机关事务视频会议系统
    D. 建成机关事务信息化项目统一采购平台

【解析】参见《机关事务工作"十四五"规划》。

【答案】ABC

22. 按照生活垃圾分类的有关要求，鼓励公共机构废旧家具修复使用，未达到最低

使用年限或者达到最低使用年限尚能继续使用的家具不得进行回收,应当通过(   )等方式处置。

  A. 调剂使用   B. 捐赠

  C. 交易   D. 销毁

【解析】根据《关于做好公共机构生活垃圾分类近期重点工作的通知》规定,鼓励废旧家具修复使用,未达到最低使用年限或者达到最低使用年限尚能继续使用的家具不得进行回收,应当通过调剂使用、交易、捐赠等方式处置。

【答案】ABC

23. 国家实行有利于节能和环境保护的产业政策,限制发展(   )产业。

  A. 高耗能   B. 高污染

  C. 节能环保型   D. 低效率

【解析】根据《中华人民共和国节约能源法》规定,国家实行有利于节能和环境保护的产业政策,限制发展高耗能、高污染行业,发展节能环保型产业。

【答案】AB

24. 单位违反消防法规定,应处 5000 元以上 50000 元以下罚款的行为有(   )。

  A. 损坏、挪用或者擅自拆除、停用消防设施、器材

  B. 占用、堵塞、封闭疏散通道、安全出口或者有其他妨碍安全疏散行为

  C. 埋压、圈占、遮挡消火栓或者占用防火间距

  D. 占用、堵塞、封闭消防车通道,妨碍消防车通行

【解析】根据《中华人民共和国消防法》第六十条规定,选项 A、B、C、D 的行为均应处 5000 元以上 50000 元以下罚款。

【答案】ABCD

25. 国内公务接待不得从事的活动有(   )。

  A. 跨区域迎送

  B. 张贴悬挂标语横幅

  C. 安排群众迎送

  D. 铺设迎宾地毯

【解析】根据《党政机关公务接待管理规定》规定,国内公务接待不得在机场、车站、码头和辖区边界组织迎送活动,不得跨地区迎送,不得张贴悬挂标语横幅,不得安排群众迎送,不得铺设迎宾地毯;地区、部门主要负责人不得参加迎送。严格控制陪同人数,不得层层多人陪同。

【答案】ABCD

26. 国家工作人员不得要求将(   )纳入国内公务接待范围。

A. 出差 B. 休假
C. 探亲 D. 旅游

【解析】根据《党政机关国内公务接待管理规定》规定,国家工作人员不得要求将休假、探亲、旅游等活动纳入国内公务接待范围。

【答案】BCD

27. 各级党政机关应当加强公务外出计划管理,科学安排和严格控制外出的（　　）。

A. 时间 B. 内容
C. 路线 D. 频率

【解析】根据《党政机关国内公务接待管理规定》第五条规定,各级党政机关应当加强公务外出计划管理,科学安排和严格控制外出的时间、内容、路线、频率、人员数量。

【答案】ABCD

28. 接待费报销凭证应当包括的内容有（　　）。

A. 财务票据 B. 派出单位公函
C. 接待清单 D. 费用明细

【解析】接待费报销凭证应当包括财务票据、派出单位公函和接待清单。

【答案】ABC

29. 同一建筑物由两个以上单位管理或者使用的,应当明确各方的消防安全责任,并确定责任人对共用的（　　）进行统一管理。

A. 疏散通道 B. 安全出口
C. 建筑消防设施 D. 消防车通道

【解析】参见《中华人民共和国消防法》第十八条。

【答案】ABCD

30. 用人单位与劳动者发生劳动争议,当事人可以（　　）。

A. 申请调解 B. 仲裁
C. 提起诉讼 D. 协商解决

【解析】根据《中华人民共和国劳动法》第七十七条规定,用人单位与劳动者发生劳动争议,当事人可以依法申请调解、仲裁、提起诉讼,也可以协商解决。

【答案】ABCD

三、判断题

1. 对存有故障尚未排除的车辆,对身体状况不佳的驾驶员,均不能派遣出勤。

（　　）

【解析】存在故障尚未排除的车辆，身体状况不佳的驾驶员，都是不能派遣出勤的情况。

【答案】正确

2. 根据机关工作的实际需要，采取招标等政府采购方式，通过市场选择加油站点定点服务以利于实现总量控制，规范操作。（   ）

【解析】按照规定，加油要通过市场选择，加油站点定点服务。

【答案】正确

3. 无论是哪一种灾害，无论是哪一种类型的突发事件，也无论是多么紧急的状态，在处置应急情况时，都要突出以人为本，各种措施、方案、决策，都要把确保人的生命安全放在首位。（   ）

【解析】以人为本是突发事件应对的首要要求。

【答案】正确

4. 附属用房包括食堂、停车库、设备用房、人防设施和警卫用房等。（   ）

【解析】设备用房是办公用房。

【答案】错误

5. 重要设备、材料等货物的采购，单项合同估算价在 200 万人民币以上，必须招标。（   ）

【解析】财务管理规定，单项合同估算价 200 万元以上的必须进行招标。

【答案】正确

6. 通常所说的车辆维护主要包括：车辆大修、总成大修、车辆小修和零星修理四种情况。（   ）

【解析】通常所说的车辆维护主要包括：日常维护、一级维护、二级维护和季节性维护。

【答案】错误

7. 根据国家税务总局相关规定，国家税务总局机关服务中心可根据工作需要，在本专业人才库内分设综合管理和保障服务两个子库。（   ）

【解析】根据《国家税务总局专业人才库管理办法》第十一条规定，每个司局原则上只设一个专业人才库。根据实际工作需要，可在本专业人才库内分设子库。

【答案】正确

8. 某县税务局机关服务中心因工作需要聘请一位司机，为了全面了解该司机的驾驶水平，该局在与司机签订劳动合同时，将试用期定为 12 个月。（   ）

【解析】根据《中华人民共和国劳动法》第二十一条规定，劳动合同可以约定试用期。试用期最长不得超过 6 个月。

【答案】错误

9. 某市税务局机关服务中心聘请的打字员王某已连续在该局工作13年，而且该局同意续延劳动合同。如果王某提出想与该局订立无固定期限的劳动合同，该局应当订立无固定期限的劳动合同。　　　　　　　　　　　　　　　　　　（　　）

【解析】根据《中华人民共和国劳动法》第二十条规定，劳动者在同一用人单位连续工作满10年以上，当事人双方同意续延劳动合同的，如果劳动者提出订立无固定期限的劳动合同，应当订立无固定期限的劳动合同。

【答案】正确

10. 税务系统确实不能满足工作需要的，报经上一级主管部门批准，可按规定标准租用、借用办公用房。　　　　　　　　　　　　　　　　　　　　　　　　（　　）

【解析】根据《税务系统财务管理规范（2.0版)》规定，税务系统确实不能满足工作需要的，应报经上一级主管部门批准，方可按规定标准租用、借用办公用房。

【答案】正确

11. 税务系统资产处置方式包括出售、无偿调拨（划转）、对外捐赠、置换、报废、报损以及货币性资产损失核销等。　　　　　　　　　　　　　　　（　　）

【解析】根据《税务系统财务管理规范（2.0版)》规定，税务系统资产处置方式包括出售、无偿调拨（划转）、对外捐赠、置换、报废、报损以及货币性资产损失核销等。

【答案】正确

12. 账面价值低于1500万元（不含）的土地，可由市级税务局审批处置。（　　）

【解析】根据《税务系统财务管理规范（2.0版)》规定，土地、房屋及构筑物类资产审批权限如下：①账面价值高于2500万元（含）的，由税务总局审核后报财政部审批；②账面价值高于1500万元（含）、低于2500万元（不含）的，由税务总局审批；③账面价值低于1500万元（不含）的，由省级税务局审批。

【答案】错误

13. 领导人员办公室、会议室、接待室可以按照中级标准进行装修。　（　　）

【解析】根据《党政机关办公用房建设标准》第四十条规定，市级党政机关的领导人员办公室、会议室、接待室可以按照中级标准进行装修。

【答案】正确

14. 各级税务机关应当按年度组织公开本机关国内公务接待制度规定、标准、经费支出、接待场所、接待项目等有关情况，接受社会监督。　　　　　　　（　　）

【解析】根据《税务机关国内公务接待管理办法》规定，各级税务机关应当按年度组织公开本机关国内公务接待制度规定、标准、经费支出、接待场所、接待项目等有关情况，接受社会监督。

【答案】正确

15. 《党政机关厉行节约反对浪费条例》规定，坚持社会化、市场化方向，通过改革建立符合国情的新型公务用车制度。（　　）

【解析】根据《党政机关厉行节约反对浪费条例》第二十五条规定，坚持社会化、市场化方向，改革公务用车制度，合理有效配置公务用车资源，创新公务交通分类提供方式，保障公务出行，降低行政成本，建立符合国情的新型公务用车制度。

【答案】正确

16. 税务系统公务外出确需接待的，派出单位应当向接待单位发出公函，公函统一由办公室出具。（　　）

【解析】根据《税务机关国内公务接待管理办法》规定，公务外出确需接待的，派出单位应当向接待单位发出公函，告知内容、行程和人员，公函按照公文运转程序，经内设机构负责人签发，由内设机构出具。局领导外出执行公务的公函，由办公室出具。

【答案】错误

17. 会议场所应使用1次保洁1次，未使用的进行封存，启封使用前进行保洁1次。（　　）

【解析】根据《中央国家机关后勤服务指南》规定，会议场所应使用1次保洁1次，未使用的每周保洁1次。

【答案】错误

18. 公务接待中的国内公务，是指出席会议、考察调研、执行任务、学习交流、检查指导、请示汇报工作等公务活动。（　　）

【解析】根据《党政机关国内公务接待管理规定》规定，国内公务，是指出席会议、考察调研、执行任务、学习交流、检查指导、请示汇报工作等公务活动。

【答案】正确

19. 公务用车配备新能源轿车的，价格不得超过16万元。（　　）

【解析】根据《党政机关公务用车管理办法》规定，党政机关应当配备使用国产汽车，带头使用新能源汽车，按照规定逐步扩大新能源汽车配备比例。公务用车配备新能源轿车的，价格不得超过18万元。

【答案】错误

20. 未确定消防安全管理人员的单位，消防安全管理工作由单位在岗行政人员负责实施。（　　）

【解析】根据《机关、团体、企业、事业单位消防安全管理规定》规定，未确定消防安全管理人员的单位，消防安全管理工作由单位消防安全责任人负责实施。

【答案】错误

21. 发挥采购政策功能和党政机关示范作用，加大新能源汽车配备使用力度，在配套基础设施能够提供有效支撑的情况下,到 2025 年各省(区、市)新增及更新车辆中新能源汽车(包括混合动力、燃料电池汽车)比例不低于 30%。　　　　　　　(　)

【解析】参见《机关事务工作"十四五"规划》的相关表述。

【答案】正确

22. 物业服务企业资质等级分为一、二、三级。　　　　(　)

【解析】参见《物业服务企业资质管理办法》第三条。

【答案】正确

23. 任何单位、个人都应当为报警无偿提供便利,不得阻拦报警。严禁谎报火警。
(　)

【解析】参见《中华人民共和国消防法》第四十四条。

【答案】正确

24. 实施既有建筑节能改造,应当符合民用建筑节能强制性标准,优先采用遮阳、改善通风等低成本改造措施。　　　　(　)

【解析】参见《民用建筑节能条例》第二十八条。

【答案】正确

25. 过期药品属于危险废弃物品,含有有害成分,会对空气、土壤和水质造成严重污染,是其他垃圾。　　　　(　)

【解析】过期药品属于危险废弃物品,含有有害成分,会对空气、土壤和水质造成严重污染,是有害垃圾,目前已被我国列入《国家危险废弃物目录》。

【答案】错误

26. 厨余垃圾经过妥善处理和加工,可转化为新的资源。　　　　(　)

【解析】厨余垃圾高有机物含量的特点使其经过严格处理后可作为肥料、饲料,可产生沼气用作燃料或发电,油脂部分则可用于制备生物燃料。

【答案】正确

27. 劳动合同期限 3 个月以上不满 1 年的,试用期不得超过 1 个月。　　　　(　)

【解析】参见《中华人民共和国劳动合同法》第十九条。

【答案】正确

28. 不得采购国家明令淘汰的用能产品、设备。　　　　(　)

【解析】参见《公共机构节能条例》第十八条。

【答案】正确

29. 根据《机关事务工作"十四五"规划》,要重点开展空调系统、数据中心等节能改造项目。　　　　(　)

【解析】略

【答案】正确

30. 更新用于机要通信和相对固定路线的执法执勤、通勤等车辆时，原则上配备国产汽车。（　　）

【解析】根据《政府机关及公共机构购买新能源汽车实施方案》规定，用于机要通信、相对固定路线执法执勤、通勤等车辆配备更新时应使用新能源汽车。

【答案】错误

31. 开展供水管网、绿化灌溉系统等节水诊断，应用节水新技术、新工艺和新产品，提高节水器具使用率，新建建筑节水器具使用率实现100%。（　　）

【解析】参见《"十四五"公共机构节约能源资源工作规划》的相关表述。

【答案】正确

32. 加速推动无纸化办公，倡导使用再生纸、再生耗材等循环再生办公用品，限制使用一次性办公用品。充分采用自然采光，实现高效照明光源使用率100%。（　　）

【解析】参见《"十四五"公共机构节约能源资源工作规划》的相关表述。

【答案】正确

33. 建立实施以碳强度控制为主、碳排放总量控制为辅的制度，指引公共机构开展碳达峰、碳中和工作。（　　）

【解析】符合《"十四五"公共机构节约能源资源工作规划》的相关表述。

【答案】正确

34. 积极开展绿色建筑创建行动，新建建筑全面执行绿色建筑标准，大力推动公共机构既有建筑通过节能改造达到绿色建筑标准，星级绿色建筑持续增加。（　　）

【解析】参见《"十四五"公共机构节约能源资源工作规划》的相关表述。

【答案】正确

35. 落实国家塑料污染治理有关要求，推动公共机构逐步停止使用不可降解一次性塑料制品。（　　）

【解析】参见《"十四五"公共机构节约能源资源工作规划》的相关表述。

【答案】正确

36. 夯实公共机构主体责任，发挥节能服务公司、物业服务企业等社会力量作用，引导干部职工积极参与，接受社会监督，促进能源资源节约共治共享。（　　）

【解析】参见《"十四五"公共机构节约能源资源工作规划》的相关表述。

【答案】正确

37. 禁止异地部门间没有特别需要的一般性学习交流、考察调研，禁止重复性考察，禁止以各种名义和方式变相旅游，禁止违反规定到风景名胜区举办会议和活动。（　　）

【解析】参见《党政机关国内公务接待管理规定》第五条。

【答案】正确

38. 接待单位应当严格控制国内公务接待范围，不得用公款报销或者支付应由个人负担的费用。　　　　　　　　　　　　　　　　　　　　　（　）

【解析】参见《党政机关国内公务接待管理规定》第六条。

【答案】正确

39. 生态文明是人类社会进步的重大成果，是实现人与自然和谐发展的必然要求。
（　）

【解析】略

【答案】正确

40. 在生态环境保护上一定要算大账、算长远账、算整体账、算综合账，不能因小失大、顾此失彼、寅吃卯粮、急功近利。　　　　　　　　　　　　（　）

【解析】略

【答案】正确

四、简答题

1. 可以采用竞争性磋商方式采购的情形有哪些？

【答案】政府购买服务项目；技术复杂或者性质特殊，不能确定详细规格或者具体要求的；因艺术品采购、专利、专有技术或者服务的时间、数量事先不能确定等原因不能事先计算出价格总额的；市场竞争不充分的科研项目，以及需要扶持的科技成果转化项目；按照《中华人民共和国招标投标法》及其实施条例必须进行招标的工程建设项目以外的工程建设项目。

2. 节能产品如何认证？

【答案】用能产品的生产者、销售者，可以根据自愿原则，按照国家有关节能产品认证的规定，向经国务院认证认可监督管理部门认可的从事节能产品认证的机构提出节能产品认证申请；经认证合格后，取得节能产品认证证书，可以在用能产品或者其包装物上使用节能产品认证标志。

3. "十四五"公共机构节约能源资源工作的基本原则是什么？

【答案】①坚持系统观念、重点推进，统筹谋划能源资源节约和生态环境保护各项工作，协调推进机关和教科文卫体系统的节约能源资源工作，围绕贯彻落实党中央决策部署，突出节能降碳。②坚持绿色转型、创新驱动，完整、准确、全面贯彻新发展理念，促进公共机构事业发展绿色低碳转型，通过管理创新、技术创新提升效能。③坚持分类施策、因地制宜，注重分区分类分级指导，区分地区差异和系统实际，制定更加合理的政策和目标，采取更有针对性的措施。④坚持市场导向、多方协同，鼓励引入社会资本，推行合同能源管理、合同节水管理等市场化模式，形成政府引导、机构履责、企业支撑、全员参与的局面。

五、案例题

某市税务局召开年度税收工作会议，由办公室小李负责其中部分事项。小李主要做了以下几项工作。①会前拟好了《会议须知》，《会议须知》内容包括：会务组房号、电话，会议日程、会场地点，就餐时间及地点，娱乐项目等。②按照以下标准选择了会议场所：有能容纳全体会议的会场，有足够的分组讨论场所，有足够的会后活动场所，有便捷的交通和停车场，有足够的住宿房源，有合适的餐厅。③在会议期间，注意精简会议内容、控制会议时间，还悬挂了欢迎标语，在就餐区摆放酒水、摆放水果鲜花。其中不妥的地方有哪些？

【答案】应从以下方面进行阐述：一是不能安排娱乐项目。二是会后活动场所不是选择会议场所要考虑的条件。三是会议期间，不能悬挂欢迎标语，不能在就餐区摆放酒水、水果、鲜花等。

错题、要点整理页

第二部分

模拟测试

模拟测试（一）

一、单项选择题（下列各题的备选答案中，只有一个正确选项，请将正确选项的字母填写在括号中，多选、错选、不选均不得分。每小题2分，共计30分）

1. 自2024年4月至7月，在全党开展的学习教育是（　　）。
   A. 党史学习教育
   B. 党纪学习教育
   C. "不忘初心、牢记使命"主题教育
   D. 党章学习教育

2. 发展新质生产力的核心要素是（　　）。
   A. 人才培养　　　　　　B. 科技创新
   C. 实体经济　　　　　　D. 传统经济

3. 2024年"便民办税春风行动"，面向新办纳税人开展的活动是（　　）。
   A. "说理式执法"活动　　B. "开业第一课"活动
   C. "一窗办"活动　　　　D. "一条龙服务"活动

4. 根据《国家税务总局关于开展2024年"便民办税春风行动"的意见》规定，下列各项中，与税务总局"畅通纳税人缴费人诉求收集渠道"要求背道而驰的是（　　）。
   A. "民呼我为"　　　　　B. "接诉即办"
   C. "未诉先办"　　　　　D. "提高门槛"

5. 2024年全国税务工作会议的主题是（　　）。
   A. 深入学习贯彻党的二十大精神　守正创新奋力推进新征程税收现代化
   B. 凝心聚力勇担使命　高质量推进中国式现代化税务实践
   C. 务本求实稳中提质　高质量推进中国式现代化税务实践
   D. 坚持以习近平新时代中国特色社会主义思想为指引　高质量推进中国式现代化税务实践

6. 消防产品必须符合国家标准；没有国家标准的，（　　）。
   A. 不得购买

B. 必须符合行业标准

C. 必须符合地方标准

D. 必须符合国际标准

7. 年度培训计划一经批准，原则上不得调整，因工作需要确需临时增加培训项目的，报单位（　　）审批。

　　A. 主要负责人

　　B. 分管领导

　　C. 财务部门负责人

　　D. 项目实施部门负责人

8. 税务系统办公用房安排使用情况，可通过税务系统（　　）等平台进行公示。

　　A. 内部网站　　　　　　B. 新闻媒体

　　C. 外部网站　　　　　　D. 微信群

9. 建设生态文明，要以资源环境承载能力为基础，以自然规律为准则，以（　　）、人与自然和谐为目标，建设生产发展、生活富裕、生态良好的文明社会。

　　A. 可持续发展　　　　　B. 高质量发展

　　C. 加速发展　　　　　　D. 提高效益

10. 在党政领导干部选拔任用程序中，关于民主推荐的说法，错误的是（　　）。

　　A. 民主推荐包括谈话调研推荐和会议推荐，其结果作为选拔任用的重要参考

　　B. 领导班子换届时的民主推荐，应按照职位设置全额定向推荐

　　C. 民主推荐结果在两年内有效，以确保选拔任用的连续性和稳定性

　　D. 个别提拔任职或进一步使用时，可以根据需要选择定向推荐或非定向推荐

11. 根据《领导干部报告个人有关事项规定》，下列房产不属于领导干部需要报告的是（　　）。

　　A. 领导干部本人为所有权人或者共有人的房屋

　　B. 领导干部配偶为所有权人或者共有人的房屋

　　C. 领导干部共同生活的子女为所有权人或者共有人的房屋

　　D. 领导干部及其配偶临时居住的他人房屋

12. 党组织对于上级党组织交办以及巡视等移交的违纪问题线索，应当及时处理，并及时向上级党组织反馈办理情况。办理情况反馈时间不超过（　　）。

　　A. 1个月　　　　　　　　B. 2个月

　　C. 3个月　　　　　　　　D. 6个月

13. 某党组织受到解散处分，对该组织中党员的处理方式是（　　）。

　　A. 同时追究责任

　　B. 开除党籍

C. 继续保留党员身份

D. 逐个审查，或重新登记或劝退除名或追究责任

14. 下列行为中，不存在泄露税务工作秘密风险的是（　　）。

   A. 办公室小方为加强对外宣传，将内部文件提供给媒体报道

   B. 办公室小刘每天登录税务工作专网查阅和使用内部文件

   C. 小李为方便工作交流，将内部文件拍照发至微信群进行通知阅读

   D. 某省税务局将税务总局未标注密级的内部文件在门户网站上公开发布

15. 某市税务局纳税服务科成立党支部，党支部书记应由（　　）担任。

   A. 青年党员小王

   B. 党龄20年的党员老张

   C. 担任科长的党员李华

   D. 分管政工的副科长赵炜

二、多项选择题（下列各题的备选答案中，至少有两个正确选项，请将正确选项的字母填写在括号中，多选、错选、少选、不选均不得分。每小题2分，共计30分）

1. 2024年全国税务系统全面从严治党工作的主要任务包括（　　）。

   A. 巩固拓展主题教育成果

   B. 强化政治监督

   C. 深化税务系统反腐败斗争

   D. 推动税务系统党的建设高质量发展

2. 税务系统党委讨论和决定本单位本系统重大问题，应当遵守的工作要求有（　　）。

   A. 按照规则由集体讨论和决定

   B. 议题由党委书记提出提交

   C. 党委会议表决前应当进行充分讨论

   D. 党委会议研究决定多个事项的，应一次性进行表决

3. 2024年的《政府工作报告》指出，在2024年经济社会发展政策取向方面，要落实好结构性减税降费政策。重点支持的方向有（　　）。

   A. 科技创新　　　　　　B. 房地产振兴

   C. 文化旅游　　　　　　D. 制造业发展

4. 2024年，国务院在优化政务服务提升行政效能方面，提出推动"高效办成一件事"，其具体目标包括（　　）。

   A. 办事流程最优化　　　B. 办事时间最短化

   C. 办事方式多元化　　　D. 办事材料最简化

5. 下列关于"新质生产力"的说法，正确的有（　　）。

A. 由技术革命性突破、生产要素创新性配置、产业深度转型升级而催生

B. 以劳动者、劳动资料、劳动对象及其优化组合的跃升为基本内涵

C. 以全要素生产率大幅提升为核心标志

D. 特点是创新，关键在质优，本质是先进生产力

6. 政府采购招标评标方法包括（　　）。

A. 性价比法　　　　　　B. 最低评标价法

C. 综合评分法　　　　　D. 次低价优先法

7. 起草涉及经营者经济活动的法律、行政法规、地方性法规、规章、规范性文件以及具体政策措施，起草单位起草的政策措施，不得含有的限制或者变相限制市场准入和退出的内容有（　　）。

A. 对市场准入负面清单以外的行业、领域、业务等违法设置审批程序

B. 违法设置或者授予特许经营权

C. 限定经营、购买或者使用特定经营者提供的商品或者服务

D. 设置不合理或者歧视性的准入、退出条件

8. 接待费资金支付的方式包括（　　）。

A. 银行转账　　　　　　B. 公务卡

C. 现金方式　　　　　　D. 信用支付

9. 关于学习兴税平台日常学习的描述，以下说法正确的有（　　）。

A. 税务干部应根据所在部门岗位，自选确定唯一业务条线

B. 必学课程年度累计不少于8门

C. 必练习题年度累计不少于200道

D. 集中练习原则上于每年11月开放

10. 关于培训费报销的合规性，以下说法正确的有（　　）。

A. 报销培训费时，必须提供培训计划审批文件、培训通知、实际参训人员签到表

B. 讲课费需提供讲课费签收单或合同，异地授课的还需按差旅费报销办法提供交通、住宿、伙食费凭据

C. 财务部门对未履行审批备案程序的培训费用有权拒绝报销

D. 培训费可以由培训举办单位和学员所在单位共同承担

11. 根据《中国共产党纪律检查机关监督执纪工作规则》，下列人员中不得参与相关审查调查审理工作，应当主动申请回避的有（　　）。

A. 被审查调查人表姐的朋友

B. 本案证人

C. 与被检举人有债务关系

D. 被审查调查人儿子的大学同学

12. 关于税务机关落实谈心谈话制度，下列说法正确的有（　　）。
    A. 党委书记与机关部门和下级税务局主要负责人谈心谈话每年至少1次
    B. 党委书记每年至少召开1次机关和基层干部座谈会
    C. 要通过谈心谈话及时沟通思想、理顺情绪、化解矛盾、解决实际问题
    D. 领导班子成员与分管单位领导干部谈心谈话每年至少1次
13. 下列会议不是税务系统四类会议的有（　　）。
    A. 全国税务工作会议
    B. 税务总局及其内设机构召开的专业性会议
    C. 各省、自治区、直辖市和计划单列市税务局召开的每年一次的年度工作会议
    D. 税务总局内设机构召开的研讨会
14. 下列情形中，实行税收违法案件"一案双查"的有（　　）。
    A. 案件处置出现重大失误，纪检干部严重违纪的
    B. 重大税收违法案件存在税务机关或者税务人员涉嫌违法违纪行为的
    C. 检举税务机关或者税务人员违纪违法行为，线索具体的
    D. 税务机关或者税务人员侵犯公民、法人和其他组织合法权益等行为的
15. 某税务局干部刘某在税务执法过程中发现某企业有偷税嫌疑，但未按照规定报告上级，造成较坏影响。根据《中华人民共和国公职人员政务处分法》的规定，可能给予刘某的处分有（　　）。
    A. 警告　　　　　　　　　B. 记过
    C. 记大过　　　　　　　　D. 开除公职

三、判断题（判断各题正误。正确的打"√"，错误的打"×"，每小题1分，共计10分）
1. 无外地代表且会议规模能够在单位内部会议室安排的会议，原则上在单位内部会议室召开，不安排住宿。　　　　　　　　　　　　　　　　　　　　　　（　　）
2. 政府采购合同，可以采用书面、传真等多种形式。　　　　　　　　（　　）
3. 一个预算单位只能开设一个零余额账户，需要单独核算的资金，如基建资金等，在单位零余额账户中分账核算。　　　　　　　　　　　　　　　　　　（　　）
4. 县级以上地方人民政府市场监督管理部门负责在本行政区域组织实施公平竞争审查制度。　　　　　　　　　　　　　　　　　　　　　　　　　　　　　（　　）
5. 为加强招标投标规范性建设，应创新招标投标数字化监管方式，推动现场监管向全流程数字化监管转变，完善招标投标电子监督平台功能。　　　　　　（　　）
6. 税务系统因私出国（境）管理制度规定，已申领的因私出国（境）证件在回国（境）后自行保管，年底再统一上交给单位集中保管。　　　　　　　　（　　）

7. 税务干部教育培训的考核结果仅作为干部个人成长的参考，不直接影响其年度考核和任用考察。（　　）

8. 各级党组织要加强教育警示，对违反党的政治纪律和政治规矩的言行要坚决批评制止，问题严重的要严肃处理，对推进党的政治建设特别是遵守党的政治纪律和政治规矩情况要进行监督检查。（　　）

9. 党内监督必须贯彻民主集中制，依规依纪进行，强化自上而下的组织监督，改进自下而上的民主监督，发挥同级相互监督作用。（　　）

10. 会议落实是会议组织管理的重要手段，其实质是统一认识、调整关系、解决矛盾、协调行动。（　　）

四、简答题（第 1 小题 9 分，第 2 小题 2 分，第 3 小题 10 分，第 4 小题 9 分，共计 30 分）

1. 对各单位培训活动和培训费管理使用情况进行监督检查的内容包括哪些？

2. 利用职权或者职务上的影响为他人谋取利益，本人的配偶、子女及其配偶等亲属和其他特定关系人收受对方财物，情节较重的，给予什么处分？

3. 如果你是一名纪检监察干部，请简述你将如何履行好监督执纪问责责任，并就防止"灯下黑"提出你的建议。

4. 举办会议或者其他活动涉及国家秘密的，主办单位应当采取哪些保密措施？

模拟测试（一）·参考答案及解析

答案速查

一、单项选择题（每小题2分，共计30分）

1. B	2. B	3. B	4. D	5. D
6. B	7. A	8. A	9. A	10. C
11. D	12. C	13. D	14. B	15. C

二、多项选择题（每小题2分，共计30分）

1. ABCD	2. ABC	3. AD	4. ACD	5. ABCD
6. BC	7. ABCD	8. AB	9. ABCD	10. ABC
11. BC	12. ABCD	13. ABC	14. BCD	15. ABC

三、判断题（每小题1分，共计10分）

1. √	2. ×	3. √	4. √	5. √
6. ×	7. ×	8. √	9. √	10. ×

答案解析

一、单项选择题

1. 【答案】B

   【解析】中共中央办公厅印发的《关于在全党开展党纪学习教育的通知》指出，为深入学习贯彻修订后的《中国共产党纪律处分条例》，经党中央同意，自2024年4月至7月，在全党开展党纪学习教育。

2. 【答案】B

   【解析】2024年1月31日，习近平总书记在中共中央政治局第十一次集体学习时指出，科技创新能够催生新产业、新模式、新动能，是发展新质生产力的核心要素。

3. 【答案】B

   【解析】根据《国家税务总局关于开展2024年"便民办税春风行动"的意见》规定，开展面向新办纳税人的"开业第一课"活动，精准推送新办纳税人想要了解和需要掌握的政策、指引等宣传辅导产品。

4. 【答案】D

   【解析】根据《国家税务总局关于开展2024年"便民办税春风行动"的意见》规定，持续深化"民呼我为""接诉即办""未诉先办"，畅通纳税人缴费人诉求收集渠道，强化直联点税务机关诉求感知"触角"作用，进一步提高诉求办理效率，办成办好纳税人缴费人反映较多的热点诉求，并适时向社会公开办理情况。

5. 【答案】D

   【解析】2024年全国税务工作会议的主题是"坚持以习近平新时代中国特色社会主义思想为指引 高质量推进中国式现代化税务实践"。

6. 【答案】B

   【解析】根据《中华人民共和国消防法》第二十四条规定，消防产品必须符合国家标准；没有国家标准的，必须符合行业标准。

7. 【答案】A

   【解析】年度培训计划一经批准，原则上不得调整。因特殊情况或工作需要变更或增加培训班次及调整预算的，严格履行报批程序，报单位主要负责同志审批。

8. 【答案】A

   【解析】属于内部管理的事项，主要通过办公会、群众代表会、干部职工大会和公告栏、内部网站等形式公开。

9. 【答案】A

   【解析】略

10. 【答案】C

【解析】根据《党政领导干部选拔任用工作条例》第十六条，民主推荐结果在一年内有效，而非两年。这一规定旨在确保民主推荐的时效性和选拔任用的及时性。

11. 【答案】D

【解析】根据《领导干部报告个人有关事项规定》第四条规定，领导干部需要报告的事项包括其本人、配偶、共同生活的子女为所有权人或者共有人的房产情况。而领导干部及其配偶临时居住的他人房屋并不属于领导干部本人、配偶或共同生活的子女的房产，因此不属于需要报告的范围。

12. 【答案】C

【解析】根据《中国共产党党内监督条例》第四十一条规定，对于上级党组织交办以及巡视等移交的违纪问题线索，应当及时处理，并在 3 个月内反馈办理情况。

13. 【答案】D

【解析】根据《中国共产党纪律处分条例》第十七条规定，对于受到解散处理的党组织中的党员，应当逐个审查。其中，符合党员条件的，应当重新登记，并参加新的组织过党的生活；不符合党员条件的，应当对其进行教育、限期改正，经教育仍无转变的，予以劝退或者除名；有违纪行为的，依照规定予以追究。

14. 【答案】B

【解析】根据《中华人民共和国保守国家秘密法》第二十九条规定，禁止非法复制、记录、存储国家秘密。禁止未按照国家保密规定和标准采取有效保密措施，在互联网及其他公共信息网络或者有线和无线通信中传递国家秘密。禁止在私人交往和通信中涉及国家秘密。

15. 【答案】C

【解析】根据《进一步增强税务系统基层党组织政治功能和组织功能 更好发挥教育管理监督作用的若干措施》规定，党支部书记一般由本部门（单位）党员主要负责人担任。

二、多项选择题

1. 【答案】ABCD

【解析】2024 年税务系统全面从严治党工作主要任务包括：要巩固拓展主题教育成果，持之以恒学深悟透习近平新时代中国特色社会主义思想；要不断强化政治监督，持之以恒推动党中央决策部署落地见效；要坚持巩固深化提升，持之以恒推动税务系统党的建设高质量发展；要一体推进"三不腐"，持之以恒深化税务系统反腐败斗争；要扎实纠"四风"树新风，持之以恒强化税务系统纪律作风建设；要深入推进税务系统纪检监察体制改革，持之以恒推动一体化综合监督体系有效运转；要加强年轻干部教育管理监督，持之以恒推动税务青年建功新时代、奋进新征程；要加强党建和纪检干部队伍建设，持之以恒做到自身清、自身正、自身硬。

2. 【答案】ABC

   【解析】党委作出重大决策，一般应当经过调查研究、征求意见、充分酝酿等程序，按照规则由集体讨论和决定。党委会议议题由党委书记提出，或者由党委其他委员提出建议、党委书记综合考虑后确定。会议议题应当提前书面通知党委委员。党委会议议题提交表决前，应当进行充分讨论。表决可以采用口头、举手、无记名投票或者记名投票等方式进行，赞成票超过应到会党委委员半数为通过。未到会党委委员的书面意见不得计入票数。表决实行主持人末位表态制。会议研究决定多个事项的，应当逐项进行表决。

3. 【答案】AD

   【解析】2024年《政府工作报告》，在2024年经济社会发展政策取向方面指出，落实好结构性减税降费政策，重点支持科技创新和制造业发展。

4. 【答案】ACD

   【解析】《国务院关于进一步优化政务服务提升行政效能推动"高效办成一件事"的指导意见》（国发〔2024〕3号）第一条规定，把"高效办成一件事"作为优化政务服务、提升行政效能的重要抓手，加强整体设计，推动模式创新，注重改革引领和数字赋能双轮驱动，统筹发展和安全，推动线上线下融合发展，实现办事方式多元化、办事流程最优化、办事材料最简化、办事成本最小化，最大限度利企便民，激发经济社会发展内生动力。

5. 【答案】ABCD

   【解析】2024年1月31日，习近平总书记在中共中央政治局第十一次集体学习时指出，新质生产力是创新起主导作用，摆脱传统经济增长方式、生产力发展路径，具有高科技、高效能、高质量特征，符合新发展理念的先进生产力质态。它由技术革命性突破、生产要素创新性配置、产业深度转型升级而催生，以劳动者、劳动资料、劳动对象及其优化组合的跃升为基本内涵，以全要素生产率大幅提升为核心标志，特点是创新，关键在质优，本质是先进生产力。

6. 【答案】BC

   【解析】根据《中华人民共和国政府采购法实施条例》第三十四条规定，政府采购招标评标方法分为最低评标价法和综合评分法。

7. 【答案】ABCD

   【解析】根据《公平竞争审查条例》第八条规定，起草单位起草的政策措施，不得含有下列限制或者变相限制市场准入和退出的内容：①对市场准入负面清单以外的行业、领域、业务等违法设置审批程序；②违法设置或者授予特许经营权；③限定经营、购买或者使用特定经营者提供的商品或者服务；⑤设置不合理或者歧视性的准入、退出条件；⑤其他限制或者变相限制市场准入和退出的内容。

8. 【答案】AB

   【解析】接待费资金支付应当严格按照国库集中支付制度和公务卡管理有关规定执行。具备条件的地方应当采用银行转账或者公务卡方式结算，不得以现金方式支付。

9. 【答案】ABCD

   【解析】税务干部需要自选确定唯一业务条线，并且必学课程年度累计不少于8门，必练习题年度累计不少于200道。集中练习原则上于每年11月开放，干部在开放时间内择时完成。

10. 【答案】ABC

    【解析】选项A、B、C均符合培训费报销的合规性要求。选项D，培训费应由培训举办单位承担，不得向学员收取其他费用。

11. 【答案】BC

    【解析】根据《中国共产党纪律检查机关监督执纪工作规则》规定，严格执行回避制度。审查调查审理人员是被审查调查人或者检举人近亲属、本案证人、利害关系人，或者存在其他可能影响公正审查调查审理情形的，不得参与相关审查调查审理工作，应当主动申请回避，被审查调查人、检举人以及其他有关人员也有权要求其回避。

12. 【答案】ABCD

    【解析】根据《中共国家税务总局委员会关于加强新形势下税务系统党的建设的意见》规定，要认真落实谈心谈话制度，党委书记与机关部门和下级税务局主要负责人、领导班子成员与分管单位领导干部、部门领导与普通干部谈心谈话每年至少1次，党委书记每年至少召开1次机关和基层干部座谈会，及时沟通思想、理顺情绪、化解矛盾、解决实际问题。

13. 【答案】ABC

    【解析】选项A是二类会议，选项B、C是三类会议，选项D为四类会议。

14. 【答案】BCD

    【解析】选项A，案件处置出现重大失误，纪检干部严重违纪的，属于纪检监察案件"一案双查"的情形。

15. 【答案】ABC

    【解析】根据《中华人民共和国公职人员政务处分法》第二十九条规定，不按照规定请示、报告重大事项，情节较重的，予以警告、记过或者记大过；情节严重的，予以降级或者撤职。

三、判断题

1. 【答案】√
   【解析】略

2. 【答案】×
   【解析】根据《中华人民共和国政府采购法》第四十四条规定，政府采购合同应当采用书面形式。

3. 【答案】√
   【解析】略

4. 【答案】√
   【解析】略

5. 【答案】√
   【解析】参见《国务院办公厅关于创新完善体制机制 推动招标投标市场规范健康发展的意见》相关要求。

6. 【答案】×
   【解析】税务系统因私出国（境）管理制度中，通常会要求已申领的因私出国（境）证件在回国（境）后7日内，上交给单位集中保管，以确保证件的安全和管理的规范性。

7. 【答案】×
   【解析】各级税务机关人事部门在干部年度考核、任用考察时，将干部接受教育培训情况作为一项重要内容。干部参加脱产培训情况会记入干部年度考核表，参加2个月以上的脱产培训情况还会记入干部任免审批表。这说明教育培训的考核结果不仅作为干部个人成长的参考，还直接影响其年度考核和任用考察。

8. 【答案】√
   【解析】根据《关于加强和改进中央和国家机关党的建设的意见》，各级党组织要加强教育警示，引导党员、干部始终做政治上的明白人、老实人。对违反党的政治纪律和政治规矩的言行要坚决批评制止，问题严重的要严肃处理。对推进党的政治建设特别是遵守党的政治纪律和政治规矩情况进行监督检查。

9. 【答案】√
   【解析】根据《中国共产党党内监督条例》第四条规定，党内监督必须贯彻民主集中制，依规依纪进行，强化自上而下的组织监督，改进自下而上的民主监督，发挥同级相互监督作用。

10. 【答案】×
    【解析】会议协调是会议组织管理的重要手段，其实质是统一认识、调整关系、解决矛盾、协调行动。

四、简答题

1. 【答案】①培训计划的编报是否符合规定;②临时增加培训计划是否报单位主要负责同志审批;③培训费开支范围和开支标准是否符合规定;④培训费报销和支付是否符合规定;⑤是否存在虚报培训费用的行为;⑥是否存在转嫁、摊派培训费用的行为;⑦是否存在向参训人员收费的行为;⑧是否存在奢侈浪费现象;⑨是否存在其他违反本办法的行为。

2. 【答案】给予警告或者严重警告处分;情节严重的,给予撤销党内职务、留党察看或者开除党籍处分。

3. 【答案】应从以下方面进行阐述:

   履行好责任:在监督上,认真处理党员群众信访举报和对干部一般性违纪问题的反映,及时找干部核实,让干部把问题讲清楚;在执纪上,重点盯住"三方面人员",对监督中发现的严重问题,依规依纪执纪审查;在问责上,对履行党内监督职责不力、管党治党责任缺失、巡视整改不落实的,都要严肃追究责任。

   提出建议:各级纪委要以更高的标准、更严的纪律要求纪检干部,坚决克服监督缺失、执纪不严、问责不力的现象,坚决纠正能力不足、作风不实、律己不严的问题,坚决查处执纪违纪的人和事,勇于清理门户,切实解决"灯下黑"问题,努力建设一支忠诚干净担当的干部队伍。

4. 【答案】主办单位应当根据会议、活动的内容确定密级,制定保密方案,限定参加人员范围;使用符合国家保密规定和标准的场所、设施、设备;按照国家保密规定管理国家秘密载体;对参加人员提出具体保密要求。

模拟测试（二）

一、单项选择题（下列各题的备选答案中，只有一个正确选项，请将正确选项的字母填写在括号中，多选、错选、不选均不得分。每小题2分，共计30分）

1. 2024年"便民办税春风行动"的主题是（　　）。
   A. 持续提升效能·办好为民实事
   B. 优化执法服务·办好惠民实事
   C. 我为群众办实事
   D. 智慧税务助发展·惠企利民稳增长

2. 2024年全国税务系统的首要任务是（　　）。
   A. 建强政治机关   B. 聚财生财并举
   C. 服务高质量发展   D. 智慧税务建设

3. 中央经济工作会议指出，2024年经济工作要坚持稳中求进、以进促稳和（　　）。
   A. 先立后破   B. 先破后立
   C. 边立边破   D. 先行后稳

4. 全国税务工作会议强调，要加力推进的跨境税费服务品牌是（　　）。
   A. "税路通"
   B. "纵合横通强党建"
   C. "政策找人"
   D. "高效办成一件事"

5. 坚持把发展经济的着力点放在实体经济上，推进新型工业化，是我国当前建设现代化产业体系的重要举措。下列选项中，不属于建设现代化产业体系内容的是（　　）。
   A. 加快建设质量强国
   B. 加快建设农业大国
   C. 加快建设数字中国
   D. 加快建设网络强国

6. 机关通信用车和应急保障用车实行（　　）小时值班制度，值班车及驾驶员统一安排。
   A. 8　　　　　　　　　　B. 12
   C. 24　　　　　　　　　 D. 16

7. 培训费管理的方式不包括（　　）。
   A. 分类综合定额标准
   B. 分项核定
   C. 总额控制
   D. 各项费用之间不可以调剂使用

8. 市内交通费按出差自然（日历）天数计算，每人每天（　　）元包干使用。
   A. 20　　　　　　　　　 B. 50
   C. 80　　　　　　　　　 D. 100

9. 下列关于税务干部培训学习的表述，正确的是（　　）。
   A. 无论什么级别的干部参加学习培训都是普通学员
   B. 领导干部在校学习期间的发言材料可以由秘书撰写
   C. 学员之间相互交流时可以用公款相互宴请
   D. 班级、小组可以以集体活动名义聚餐

10. 根据新时代税务人才工作目标，到2030年，税务人才工作机制制度体系将实现的主要目标是（　　）。
    A. 税务人才工作机制制度体系更加成熟
    B. 税务人才工作机制制度体系较为完备
    C. 中国成为税务人才强国
    D. 税务人才自主培养能力不断增强

11. 2024年5月，某县税务局党委纪检组干部王某因在案件侦办工作中表现突出，县局党委决定发文对其进行表彰，应使用的文种是（　　）。
    A. 通告　　　　　　　　B. 通报
    C. 通知　　　　　　　　D. 公告

12. 节能监督管理部门（　　）向监督管理对象收取一定费用。
    A. 可以　　　　　　　　B. 不得
    C. 必须　　　　　　　　D. 适当

13. 各级税务机关的党支部书记原则上由（　　）担任。
    A. 党员行政主要负责同志
    B. 党龄较长的同志
    C. 年富力强的党员同志

D. 党支部中级别较高的党员领导干部

14. 党风廉政建设的出发点和归宿是（　　　）。

    A. 增强党员的纪律观念

    B. 提高党的执政水平和抵御风险的能力

    C. 巩固党的执政地位

    D. 实现好、维护好、发展好最广大人民的根本利益

15. 2024 年 8 月，某市税务局党委秘书李某想要向办公室机要员小张借阅一份非知悉范围内的涉密文件。对此，小张应当（　　　）。

    A. 向李某讲明保密规定，不能借阅

    B. 允许李某在保密室阅读，但不能借出

    C. 允许李某在保密室阅读，不能摘录

    D. 领导秘书不好得罪，要求对方阅完即还

二、多项选择题（下列各题的备选答案中，至少有两个正确选项，请将正确选项的字母填写在括号中，多选、错选、少选、不选均不得分。每小题 2 分，共计 30 分）

1. 2023 年底召开的中央经济工作会议指出，进一步推动经济回升向好需要克服一些困难和挑战，主要困难和挑战有（　　　）。

    A. 有效需求不足、部分行业产能过剩

    B. 社会预期偏弱、风险隐患仍然较多

    C. 国内大循环存在堵点

    D. 外部环境的复杂性、严峻性、不确定性上升

2. 全党开展党纪学习教育，组织党员特别是党员领导干部认真学习《中国共产党纪律处分条例》的主要目标包括（　　　）。

    A. 教育党员做到学纪、知纪、明纪、守纪

    B. 搞清楚党的纪律规矩是什么，弄明白能干什么、不能干什么

    C. 进一步强化纪律意识、加强自我约束、提高免疫能力

    D. 始终做到忠诚干净担当

3. 全面贯彻 2024 年经济工作的总体要求，要注意把握和处理好的几对关系包括（　　　）。

    A. 速度与质量

    B. 宏观数据与微观感受

    C. 发展经济与改善民生

    D. 发展与安全

4. 下列关于全国税务系统素质提升"2271"工程的表述正确的有（　　　）。

    A. 200 名左右战略人才

B. 2000 名左右领军人才

C. 7 万名左右专业骨干

D. 7 万名左右业务标兵

5. 2024 年全国税务系统全面从严治党工作会议强调做到八个"持之以恒"。下列属于八个"持之以恒"内容的有（　　）。

   A. 持之以恒学深悟透习近平新时代中国特色社会主义思想

   B. 持之以恒加强减税降费效益分析

   C. 持之以恒推动税务系统党的建设高质量发展

   D. 持之以恒强化税务系统纪律作风建设

6. 在政府采购中，供应商提交履约保证金的形式包括（　　）。

   A. 汇票

   B. 支票

   C. 本票

   D. 金融机构、担保机构出具的保函

7. 各单位是本单位决算管理主体，对决算的（　　）负责。

   A. 规范性
   B. 真实性
   C. 准确性
   D. 完整性

8. 下列属于差旅费范围的有（　　）。

   A. 出差期间的住宿费

   B. 前往出差地的城市间交通费

   C. 出差期间产生的医药费

   D. 出差期间的伙食补助费

9. 严格公务用车使用登记和公示制度，应当登记和公示的用车信息包括（　　）。

   A. 时间
   B. 事由
   C. 地点
   D. 人员、职务

10. 税务系统规范培训组织实施时，教育培训主管部门应该（　　）。

    A. 对培训实施情况进行督促检查

    B. 设定培训课程内容和时长

    C. 加强培训教学和学员选派工作的管理及审核监督

    D. 直接制定培训项目计划并安排教学活动

11. 巡视工作责任体系的重点是明确"三个责任人"，具体包括（　　）。

    A. 党委书记是巡视工作主体责任的第一责任人

    B. 巡视工作领导小组组长是实施巡视工作的主要责任人

    C. 巡视组组长是落实巡视监督责任的第一责任人

D. 巡视工作组成员是巡视执行相关责任人

12. 各级税务局党委会议研究的"三重一大"事项中的"三重"包括（　　）。
    A. 重大决策事项
    B. 重大项目安排事项
    C. 重要干部任免事项
    D. 重要制度执行情况

13. 根据税务总局党委重大事项请示报告的有关制度要求，报告的方式包括（　　）。
    A. 正式报告　　　　　　B. 信息
    C. 简报　　　　　　　　D. 会议

14. 关于税务系统党委理论学习中心组学习制度，下列说法正确的有（　　）。
    A. 每季度集中研讨不少于1次
    B. 每年开展全面从严治党专题学习不少于2次
    C. 加强对下一级党委理论学习中心组学习的督促指导，建立党委理论学习中心组学习通报制度
    D. 中心组学习应突出税务业务

15. 某基层税务局党支部全面从严治党不力，导致连续发生多起违规违纪案件。根据《中国共产党问责条例》，对该党组织问责的方式有（　　）。
    A. 检查　　　　　　　　B. 纪律处分
    C. 通报　　　　　　　　D. 改组

三、判断题（判断各题正误。正确的打"√"，错误的打"×"，每小题1分，共计10分）

1. 省级税务局应在接到税务总局决算批复后15日内，向地市级税务局及省级税务局机关、直属单位、派出机构批复决算。　　　　　　　　　　　　　　　　　（　　）

2. 各级人民政府对在节能管理、节能科学技术研究和推广应用中有显著成绩以及检举严重浪费能源行为的单位和个人，给予表彰和奖励。　　　　　　　　　　（　　）

3. 县级以上人民政府将公平竞争审查工作情况纳入法治政府建设、优化营商环境等考核评价内容。　　　　　　　　　　　　　　　　　　　　　　　　　　　（　　）

4. 各级党政机关应当将国内公务接待工作纳入问责范围。纪检监察机关应当加强对国内公务接待违规违纪行为的查处。　　　　　　　　　　　　　　　　　（　　）

5. 税务系统初任培训的时间一般不少于15天，其中税务总局组织的入职培训必须达到或超过8天。　　　　　　　　　　　　　　　　　　　　　　　　　　　（　　）

6. 为营造规范有序市场环境，应持续清理妨碍全国统一大市场建设和公平竞争的规定、做法。　　　　　　　　　　　　　　　　　　　　　　　　　　　　　（　　）

7. 干部人事档案管理人员可以自由查阅或复制干部本人及其直系亲属的档案内容。
（　　）

8. 预备党员违犯党纪，情节较轻，可以保留预备党员资格的，党组织应当对其批评教育或者延长预备期。
（　　）

9. 对党员涉嫌严重违纪问题的审查调查工作应当依照规定由两人以上进行，按照规定出示证件，出具书面通知。
（　　）

10. 四类会议经本单位局长办公会审批或经单位分管局领导审核并报主要领导批准后执行，无须列入本单位年度会议计划。
（　　）

四、简答题（第 1 小题 10 分，第 2 小题 12 分，第 3 小题 2 分，第 4 小题 6 分，共计 30 分）

1. 对中央单位差旅费管理和使用情况进行监督检查的内容包括哪些？
2. 按照税务系统基本建设管理相关规定，项目论证的主要内容包括哪些？
3. 党员领导干部违反有关规定组织、参加自发成立的老乡会、校友会、战友会等，应给予什么处分？
4. 各级机关、单位应当如何落实信访工作责任？

模拟测试(二)·参考答案及解析

答案速查

一、单项选择题(每小题2分,共计30分)

1. A	2. C	3. A	4. A	5. B
6. B	7. D	8. C	9. A	10. A
11. B	12. B	13. A	14. D	15. A

二、多项选择题(每小题2分,共计30分)

1. ABCD	2. ABCD	3. ABCD	4. ABD	5. ACD
6. ABCD	7. ABCD	8. ABD	9. ABC	10. AC
11. ABC	12. ABC	13. ABCD	14. ABC	15. ACD

三、判断题(每小题1分,共计10分)

1. √	2. √	3. √	4. √	5. √
6. √	7. ×	8. √	9. √	10. ×

答案解析

一、单项选择题

1. 【答案】A

   【解析】2024年税务总局决定，2024年以"持续提升效能·办好为民实事"为主题，紧紧围绕推动国务院"高效办成一件事"部署在税务系统落地见效，持续开展"便民办税春风行动"，集成推出系列惠民利企服务举措，进一步提高纳税人缴费人获得感、满意度。

2. 【答案】C

   【解析】2024年全国税务工作会议要求，2024年全国税务系统要坚持以习近平新时代中国特色社会主义思想为指导，深刻领悟"两个确立"的决定性意义，增强"四个意识"、坚定"四个自信"、做到"两个维护"，坚持加强党对税务工作的全面领导，坚持完整、准确、全面贯彻新发展理念，坚持稳中求进、以进促稳、先立后破，以建强政治机关为首要责任，以服务高质量发展为首要任务，以聚财生财并举为首要担当，以优服务强监管为有力抓手，以智慧税务建设为有力支撑，以全面从严治党为有力保障，守正创新、接续奋斗，真抓实干、善作善成，高质量推进中国式现代化税务实践，更好发挥税收在国家治理中的基础性、支柱性、保障性作用，为以中国式现代化全面推进强国建设、民族复兴伟业作出更大贡献。

3. 【答案】A

   【解析】2023年中央经济工作会议要求，明年要坚持稳中求进、以进促稳、先立后破，多出有利于稳预期、稳增长、稳就业的政策，在转方式、调结构、提质量、增效益上积极进取，不断巩固稳中向好的基础。要强化宏观政策逆周期和跨周期调节，继续实施积极的财政政策和稳健的货币政策，加强政策工具创新和协调配合。

4. 【答案】A

   【解析】2024年全国税务工作会议强调，加强税收多边合作平台建设，完善"一带一路"税收征管合作机制，加力推进"税路通"品牌建设，着力打造市场化、法治化、国际化税收营商环境。

5. 【答案】B

   【解析】党的二十大报告第四部分明确："（二）建设现代化产业体系。坚持把发展经济的着力点放在实体经济上，推进新型工业化，加快建设制造强国、质量强国、航天强国、交通强国、网络强国、数字中国。"

6. 【答案】B

   【解析】略

7. 【答案】D

【解析】培训费实行分类综合定额标准，分项核定、总额控制，各项费用之间可以调剂使用。

8. 【答案】C

【解析】略

9. 【答案】A

【解析】无论什么级别的干部参加学习培训都是普通学员。干部在校学习期间，要住在学员宿舍，吃在学员食堂。学员之间、教员和学员之间不得用公款相互宴请。班级、小组不得以集体活动为名聚餐吃请。学员必须自己动手撰写发言材料、学习体会、调研报告和论文等，不准请人代写，不准抄袭他人学习研究成果，不准秘书等工作人员"陪读"。

10. 【答案】A

【解析】选项B、D是到2025年的目标，选项C是到2035年的目标。

11. 【答案】B

【解析】根据《全国税务机关公文处理办法》，表彰应使用的文种是通报。

12. 【答案】B

【解析】履行节能监督管理职责不得向监督管理对象收取费用。

13. 【答案】A

【解析】《中共国家税务总局委员会关于加强新形势下税务系统党的建设的意见》指出，要严格按照《中国共产党党和国家机关基层组织工作条例》规定，规范设立机关党委、机关纪委、党总支、党支部，确保党组织对办税服务厅、税务分局（所）等所有单位的全覆盖。党支部书记原则上由党员行政主要负责同志担任。

14. 【答案】D

【解析】略

15. 【答案】A

【解析】领导秘书不在知悉范围内，不应顾忌其身份，不能违规将会议材料给对方阅读。

二、多项选择题

1. 【答案】ABCD

【解析】2023年中央经济工作会议指出，进一步推动经济回升向好需要克服一些困难和挑战，主要是有效需求不足、部分行业产能过剩、社会预期偏弱、风险隐患仍然较多，国内大循环存在堵点，外部环境的复杂性、严峻性、不确定性上升。

2. 【答案】ABCD

【解析】中共中央办公厅印发的《关于在全党开展党纪学习教育的通知》明确，组织党员特别是党员领导干部认真学习《中国共产党纪律处分条例》，做到学纪、知纪、明纪、守纪，搞清楚党的纪律规矩是什么，弄明白能干什么、不能干什么，把遵规守纪刻印在心，内化为言行准则，进一步强化纪律意识、加强自我约束、提高免疫能力，增强政治定力、纪律定力、道德定力、抵腐定力，始终做到忠诚干净担当。

3. 【答案】ABCD

【解析】2023年中央经济工作会议指出，要全面贯彻明年经济工作的总体要求，注意把握和处理好速度与质量、宏观数据与微观感受、发展经济与改善民生、发展与安全的关系，不断巩固和增强经济回升向好态势。

4. 【答案】ABD

【解析】2022年税务总局印发了进一步加强新时代税务人才工作的意见，提出实施素质提升"2271"工程，结合数字人事考核评价，大力开展税务人才选拔培养，着力构建200名左右战略人才、2000名左右领军人才、7万名左右业务标兵、1万名左右青年才俊的税务人才队伍新体系。

5. 【答案】ACD

【解析】2024年全国税务系统全面从严治党工作会议强调，要巩固拓展主题教育成果，持之以恒学深悟透习近平新时代中国特色社会主义思想；要不断强化政治监督，持之以恒推动党中央决策部署落地见效；要坚持巩固深化提升，持之以恒推动税务系统党的建设高质量发展；要一体推进"三不腐"，持之以恒深化税务系统反腐败斗争；要扎实纠"四风"树新风，持之以恒强化税务系统纪律作风建设；要深入推进税务系统纪检监察体制改革，持之以恒推动一体化综合监督体系有效运转；要加强年轻干部教育管理监督，持之以恒推动税务青年建功新时代、奋进新征程；要加强党建和纪检干部队伍建设，持之以恒做到自身清、自身正、自身硬。

6. 【答案】ABCD

【解析】根据《中华人民共和国政府采购法实施条例》第三十三条规定，采购文件要求中标或者成交供应商提交履约保证金的，供应商应当以支票、汇票、本票或者金融机构、担保机构出具的保函等非现金形式提交。履约保证金的数额不得超过政府采购合同金额的10%。

7. 【答案】ABCD

【解析】各单位是本单位决算管理主体，对决算的规范性、真实性、准确性、完整性负责。

8. 【答案】ABD

【解析】差旅费是指工作人员临时到常驻地以外地区公务出差所发生的城市间交通费、住宿费、伙食补助费和市内交通费。

9. 【答案】ABC

【解析】严格公务用车使用登记和公示制度，严格登记和公示用车时间、事由、地点、里程、油耗、费用等信息。

10. 【答案】AC

    【解析】教育培训主管部门应该对培训实施情况进行督促检查，并加强培训教学和学员选派工作的管理及审核监督。培训课程内容和时长是由培训主办单位和培训机构根据实际需求来设定的。直接制定培训项目计划并安排教学活动通常由培训主办单位或培训机构来负责。

11. 【答案】ABC

    【解析】巡视工作责任体系的核心是落实"两个责任"，即党委的主体责任和纪委的监督责任；重点是明确"三个责任人"，即党委书记是巡视工作主体责任的第一责任人、巡视工作领导小组组长是组织实施巡视工作的主要责任人、巡视组组长是落实巡视监督责任的第一责任人。

12. 【答案】ABC

    【解析】"三重一大"事项指涉及重大决策事项、重大项目安排事项、重要干部任免事项、大额度资金使用事项等事项，会前应与班子成员充分沟通。

13. 【答案】ABCD

    【解析】报告的方式包括书面和口头。其中，书面方式包括正式报告、信息和简报，口头方式包括通话、当面和会议。

14. 【答案】ABC

    【解析】依据党委理论学习中心组学习制度，每季度集中研讨不少于1次，每年开展全面从严治党专题学习不少于2次。加强对下一级党委理论学习中心组学习的督促指导，建立党委理论学习中心组学习通报制度。

15. 【答案】ACD

    【解析】根据《中国共产党问责条例》第八条规定，对党组织的问责根据危害程度以及具体情况，可以采取以下方式：①检查。责令作出书面检查并切实整改。②通报。责令整改，并在一定范围内通报。③改组。对失职失责，严重违犯党的纪律、本身又不能纠正的，应当予以改组。

三、判断题

1. 【答案】√

    【解析】略

2. 【答案】√

    【解析】参见《中华人民共和国节约能源法》第六十七条。

3. 【答案】√

【解析】参见《公平竞争审查条例》第七条。
4. 【答案】√
   【解析】参见《党政机关国内公务接待管理规定》第二十条。
5. 【答案】√
   【解析】略
6. 【答案】√
   【解析】参见《国务院办公厅关于创新完善体制机制 推动招标投标市场规范健康发展的意见》相关要求。
7. 【答案】×
   【解析】根据干部人事档案管理的相关规定，档案管理人员必须严格遵守保密制度，不得随意查阅或复制干部本人及其直系亲属的档案内容。这是为了保护干部个人隐私和确保档案信息的安全性。
8. 【答案】√
   【解析】根据《中国共产党纪律处分条例》第三十六条规定，预备党员违犯党纪，情节较轻，可以保留预备党员资格的，党组织应当对其批评教育或者延长预备期；情节较重的，应当取消其预备党员资格。
9. 【答案】√
   【解析】参见《中国共产党纪律检查机关监督执纪工作规则》第四十二条规定。
10. 【答案】×
    【解析】四类会议经本单位局长办公会审批或经单位分管局领导审核并报主要领导批准后执行，并列入本单位年度会议计划。

四、简答题

1. 【答案】①单位差旅审批制度是否健全，出差活动是否按规定履行审批手续；②差旅费开支范围和标准是否符合规定；③差旅费报销是否符合规定；④是否向下级单位、企业或其他单位转嫁差旅费；⑤差旅费管理和使用的其他情况。

2. 【答案】①项目建设的必要性和可行性；②项目是否符合《税务系统基本建设管理办法》规定的立项条件；③项目建设功能、建筑面积、投资估算及建设标准等，是否符合有关规定；④项目拟进驻单位以及项目选址是否与管辖区域相适应；⑤项目资金来源是否符合有关规定；⑥项目上报资料是否符合有关要求。

3. 【答案】情节严重的，给予警告、严重警告或者撤销党内职务处分。

4. 【答案】各级机关、单位应当落实属地责任、部门责任、领导责任，将信访工作纳入本地区、本部门、本系统工作全局，定期研究部署、分析形势、解决问题。应当明确负责信访工作的机构或者人员，统筹协调、督促检查本地区、本部门、本系统信访工作。

模拟测试（三）

一、单项选择题（下列各题的备选答案中，只有一个正确选项，请将正确选项的字母填写在括号中，多选、错选、不选均不得分。每小题 2 分，共计 30 分）

1. 中国共产党跳出治乱兴衰历史周期率的第二个答案是（　　）。
   A. 独立自主　　　　　　　B. 人民监督
   C. 自我革命　　　　　　　D. 从严治党

2. 党的二十届三中全会提出，健全有利于（　　）的税收制度，优化税制结构。
   A. 高质量发展、社会公平、市场统一
   B. 高质量发展、社会和谐、市场统一
   C. 高质量发展、社会公平、市场完善
   D. 高质量发展、社会和谐、市场完善

3. 税务部门要认真学习贯彻习近平经济思想、习近平法治思想和习近平总书记关于税收工作的重要论述，牢牢把握高质量推进中国式现代化税务实践这一主线，坚持以科学精细、务实高效的管理理念打造（　　），坚定不移推动党中央决策部署落地见效。
   A. 智慧税务　　　　　　　B. 效能税务
   C. 智能税务　　　　　　　D. 高效税务

4. 2024 年 4 月，国家税务总局启动第 33 个全国税收宣传月，主题为（　　）。
   A. 税惠千万家　共建现代化
   B. 税收·发展·民生
   C. 税助发展　向新而进
   D. 持续提升效能　办好为民实事

5. 2024 年 7 月 31 日，中共中央、国务院印发《关于加快经济社会发展全面绿色转型的意见》，明确要健全绿色转型财税政策。以下不属于《意见》中关于健全绿色转型财税政策的是（　　）。
   A. 落实环境保护、节能节水、资源综合利用、新能源和清洁能源车船税收优惠

B. 研究把城市维护建设税、教育费附加、地方教育附加合并为地方附加税

C. 完善绿色税制，全面推行水资源费改税

D. 完善环境保护税征收体系

6. 2024 年 8 月 20 日，某市税务局办公室文书起草了一份关于加强机关内部管理的正式文件，8 月 25 日办公室主任对文件进行了修改，8 月 26 日主管副局长签署同意，8 月 28 日局长签署同意，办公室于 9 月 1 日正式印发该文件。此文件的成文日期为（　　）。

　　A. 8 月 20 日　　　　　　　　B. 8 月 26 日

　　C. 8 月 28 日　　　　　　　　D. 9 月 1 日

7. 党政机关配备的用于定向保障公务活动的机动车辆是（　　）。

　　A. 执法用车　　　　　　　　B. 公务车

　　C. 应急用车　　　　　　　　D. 接待用车

8. 讲课费按实际发生的学时计算，每半天最多按（　　）学时计算。

　　A. 2　　　　　　　　　　　　B. 4

　　C. 6　　　　　　　　　　　　D. 8

9. 下列不属于培训费报销范围的是（　　）。

　　A. 伙食费

　　B. 培训场地费

　　C. 培训资料费

　　D. 打印机等设备采购费

10. 在干部人事档案管理中，档案材料必须遵循的基本原则是（　　）。

　　A. 方便快捷　　　　　　　　B. 美观整洁

　　C. 真实准确　　　　　　　　D. 随意修改

11. 关于学习兴税平台的日常学习年度得分计算，以下说法错误的是（　　）。

　　A. 必学必练占日常学习年度得分的 60%

　　B. 集中练习的成绩以最高成绩计入年度得分

　　C. 参加业务能力评定升级的干部，日常学习年度得分需达到 80 分

　　D. 税务干部因公外派超过半年，经批准可不参加日常学习，且不纳入结果运用范围

12. 党纪处分决定生效的时间是（　　）。

　　A. 自批准之日起　　　　　　B. 自送达之日起

　　C. 自决定之日起　　　　　　D. 自宣布之日起

13. 关于严肃税务系统党内政治生活，以下说法错误的是（　　）。

　　A. 认真贯彻执行《关于新形势下党内政治生活的若干准则》，严格落实党内组织生活制度，坚持用好批评和自我批评武器，增强党内政治生活的政治性、时代性、

原则性、战斗性

B. 党委民主生活会、党支部（党小组）专题组织生活会每年召开2次，无计划不得随意召开

C. 民主生活会、专题组织生活会要把群众反映、巡视反馈、组织约谈函询的问题说清楚、谈透彻，进一步完善民主生活会问题整改落实通报制度，自觉接受干部群众监督

D. 上级税务局党委要派员督导下级税务局党委领导班子民主生活会，对民主生活会效果要有分析、有评价、有报告

14. 在组织召开涉及国家秘密内容的会议时，正确的做法是（　　）。

　　A. 用微信发送会议通知

　　B. 使用无线话筒

　　C. 会后及时清点回收会议资料

　　D. 参会人员手机关闭

15. 可以在全国范围直接相互转移和接收党员组织关系的党组织是（　　）。

　　A. 党组

　　B. 具有审批预备党员权限的基层党委

　　C. 党总支

　　D. 省级以上党委

二、多项选择题（下列各题的备选答案中，至少有两个正确选项，请将正确选项的字母填写在括号中，多选、错选、少选、不选均不得分。每小题2分，共计30分）

1. 2024年全国税务工作会议提到要旗帜鲜明讲政治，坚定不移建强政治机关、走好第一方阵。强调要做到的有（　　）。

　　A. 持续拓展主题教育成果

　　B. 持续深化政治机关意识教育和对党忠诚教育

　　C. 持续提升党建工作质效

　　D. 持续夯实基层基础

2. 打造效能税务的根本要求，是坚决当好党中央决策部署的（　　）。

　　A. 执行者　　　　　　　B. 行动派

　　C. 实干家　　　　　　　D. 践行者

3. 根据2024年2月5日中共中央发布的《党史学习教育工作条例》，党史学习教育工作遵循的原则包括（　　）。

　　A. 坚持党的全面领导

　　B. 坚持围绕中心、服务大局

C. 坚持以史鉴今、资政育人

D. 坚持统筹谋划、开拓创新

4. 2024年全国税务工作会议强调要把准税务部门职责定位,具体包括( )。

　　A. 做党中央权威的忠诚捍卫者

　　B. 做推动高质量发展的高效执行者

　　C. 做优化营商环境的切实守护者

　　D. 做纳税人缴费人的倾情服务者

5. 2024年全国税务工作会议指出,当前和今后一个时期,要做好"六个着力强化",其中包括( )。

　　A. 着力强化政治统领

　　B. 着力强化依法治税

　　C. 着力强化改革创新

　　D. 着力强化科技先导

6. 下列部门中,属于国有资产管理部门的有( )。

　　A. 财务管理部门

　　B. 资产采购部门

　　C. 资产实物管理部门

　　D. 固定资产使用部门

7. 为创新完善体制机制,推动招标投标市场规范健康发展,完善评标定标机制,应采取的措施有( )。

　　A. 改进评标方法和评标机制

　　B. 优化中标人确定程序

　　C. 加强评标专家全周期管理

　　D. 减免评标专家负责

8. 公务用车使用管理过程中必须政府集中采购的项目有( )。

　　A. 保险　　　　　　　　B. 维修

　　C. 洗车　　　　　　　　D. 加油

9. 税务系统初任培训的考核标准通常包括( )。

　　A. 总局入职培训测试得分

　　B. 省级税务局入职培训测试得分

　　C. 日常出勤率

　　D. 日常表现和遵规守纪情况得分

10. 下列选项中,领导干部被给予批评教育、组织调整或组织处理、纪律处分的情形有( )。

A. 无正当理由不按时报告

B. 漏报、少报相关事项

C. 隐瞒不报关键信息

D. 报告内容完全真实且符合规定

11. 国家公职人员刘某进入企业检查期间，收受企业价值 2000 元购物卡。单位开展专项整治自查时，他主动交代违法行为，上交了全部购物卡。根据《中华人民共和国公职人员政务处分法》的规定，其所属部门可以对刘某采取的处理方式有（   ）。

A. 谈话提醒　　　　　　　B. 批评教育

C. 责令检查　　　　　　　D. 免予政务处分

12. 批评和自我批评是我们党强身治病、保持肌体健康的锐利武器，也是加强和规范党内政治生活的重要手段。关于批评和自我批评，下列说法正确的有（   ）。

A. 批评和自我批评必须坚持实事求是，讲党性不讲私情、讲真理不讲面子

B. 要坚持"批评—团结—批评"

C. 党员、干部必须严于自我解剖，对发现的问题要深入剖析原因，认真整改

D. 党内工作会议的报告、讲话以及各类工作总结，上级机关和领导干部检查指导工作，不要讲成绩和经验，要多讲问题和不足

13. 以下信访情形，需由来访人员所在地税务机关主要领导带队到上级税务机关进行劝返的有（   ）。

A. 5 人以下的信访

B. 可能引发集体上访、群体性事件或者恶性突发事件的信访事项

C. 经上级税务机关多次催办仍未得到解决的

D. 到税务机关长期滞留、缠访、闹访的

14. 关于党支部书记、副书记，下列说法不正确的有（   ）。

A. 党支部书记、副书记一般由党支部委员会会议选举产生

B. 不设委员会的党支部书记、副书记由上级任命产生

C. 党支部书记、副书记、委员出现空缺，应当及时进行调整

D. 上级党组织不得指派党支部书记

15. 下列关于流动党员管理的说法中，正确的有（   ）。

A. 对外出 6 个月以上并且没有转移组织关系的流动党员，应当保持经常联系，跟进做好教育培训、管理服务等工作

B. 流入地党组织应当协助做好流动党员日常管理，组织流动党员就近就便参加组织生活

C. 流动党员必须在党籍所在地党组织参加民主评议

D. 对出国（境）学习研究党员，由原就读高校或者工作单位党组织保留其组织关系，每半年至少与其联系 1 次

E. 城市社区党组织对在异地定居的党员，引导和帮助其及时转移组织关系

三、**判断题**（判断各题正误。正确的打"√"，错误的打"×"，每小题 1 分，共计 10 分）

1. 执法执勤用车是指处理突发事件、抢险救灾或其他紧急公务的机动车辆。（　　）
2. 各级党政机关不得以任何名义新建、改建、扩建内部接待场所，不得对机关内部接待场所进行超标准装修或者装饰、超标准配置家具和电器。（　　）
3. 严厉打击招标投标违法活动，应建立健全招标投标行政执法标准规范，完善行政处罚裁量权基准。（　　）
4. 中央财政拨款项目结转资金连续三年仍未使用完毕，按规定由财政部统筹收回。（　　）
5. 选拔任用党政领导干部时，破格提拔的干部只需在关键时刻或承担急难险重任务中表现突出，即可直接越过正常选拔程序进行提拔。（　　）
6. 税务干部晋升处级副职以上领导职务时，任职培训集中脱产培训时间不得少于 30 天，且必须在任职前完成。（　　）
7. 培训费不仅可以用于支付与培训直接相关的费用，如师资费、住宿费、伙食费等，还可以在特定情况下用于购置培训所需的固定资产，如电脑、复印机等设备。（　　）
8. 《中国共产党廉洁自律准则》是中国共产党执政以来第一部专门面向全体领导干部的、规范全党廉洁自律工作的重要基础性法规。（　　）
9. 对严重败坏党的形象的党员，应当给予留党察看处分。（　　）
10. 介绍信具有介绍、证明、洽商三种作用。（　　）

四、**简答题**（第 1 小题 10 分，第 2 小题 12 分，第 3 小题 4 分，第 4 小题 4 分，共计 30 分）

1. 节约型税务机关建设的具体措施有哪些？
2. 县级以上党政机关公务接待管理部门应当会同有关部门加强对本级党政机关各部门和下级党政机关国内公务接待工作的监督检查。监督检查的主要内容包括哪些？
3. 违反公务接待管理规定，超标准、超范围接待或者借机大吃大喝，对直接责任者和领导责任者，应如何处分？
4. 发现国家秘密已经泄露或者可能泄露时，应当采取哪些措施？

模拟测试（三）·参考答案及解析

答案速查

一、单项选择题（每小题 2 分，共计 30 分）

1. C	2. A	3. B	4. C	5. B
6. C	7. B	8. B	9. D	10. C
11. C	12. A	13. B	14. C	15. B

二、多项选择题（每小题 2 分，共计 30 分）

1. ABC	2. ABC	3. ABCD	4. ABD	5. ABC
6. ACD	7. ABC	8. ABD	9. ABD	10. ABC
11. ABCD	12. AC	13. BCD	14. BCD	15. ABDE

三、判断题（每小题 1 分，共计 10 分）

| 1. × | 2. √ | 3. √ | 4. × | 5. × |
| 6. × | 7. × | 8. × | 9. × | 10. × |

模拟测试（三）·参考答案及解析

答案解析

一、单项选择题

1. 【答案】C
   【解析】习近平总书记在党的二十大报告中指出，经过不懈努力，党找到了自我革命这一跳出治乱兴衰历史周期率的第二个答案。

2. 【答案】A
   【解析】详见党的二十届三中全会通过的《中共中央关于进一步全面深化改革 推进中国式现代化的决定》。

3. 【答案】B
   【解析】国家税务总局党委书记、局长胡静林在《学习时报》发表《高质量推进中国式现代化税务实践》一文中指出，税务部门要认真学习贯彻习近平经济思想、习近平法治思想和习近平总书记关于税收工作的重要论述，牢牢把握高质量推进中国式现代化税务实践这一主线，坚持以科学精细、务实高效的管理理念打造效能税务，坚定不移推动党中央决策部署落地见效。

4. 【答案】C
   【解析】国家税务总局每年4月紧扣党中央、国务院重大决策部署，围绕税收重点工作，集中开展全国税收宣传月活动，深入宣传税法知识、解读税费政策、倡导税收诚信，已成为纳税人缴费人自觉接受税法教育的重要课堂，也是社会各界主动了解税收、积极支持税收的重要载体。2024年4月，税务总局启动第33个全国税收宣传月，主题为"税助发展 向新而进"。

5. 【答案】B
   【解析】详见中共中央、国务院印发的《关于加快经济社会发展全面绿色转型的意见》。

6. 【答案】C
   【解析】根据《全国税务机关公文处理办法》规定，成文日期署会议通过或者发文机关负责人签发日期。该文件的成文日期应为该局主要负责人签署日期。

7. 【答案】B
   【解析】公务车是指党政机关配备的用于定向保障公务活动的机动车辆。

8. 【答案】B
   【解析】略

9. 【答案】D
   【解析】培训费是指开展培训直接发生的各项费用支出，包括师资费、住宿费、伙食费、培训场地费、培训资料费、交通费以及其他费用。

10. 【答案】C

    【解析】在干部人事档案管理中，档案材料的真实性和准确性是至关重要的。它们作为干部个人历史记录的重要依据，必须严格遵循真实准确的原则。

11. 【答案】C

    【解析】学习兴税平台的日常学习年度得分实行百分制，其中必学必练占60%，集中练习占40%，且集中练习的成绩以最高成绩计入。同时，参加业务能力评定升级的税务干部，其日常学习年度得分需达到60分。税务干部因公外派等原因脱离岗位半年以上的，经批准可不参加日常学习，该年度不纳入结果运用范围。

12. 【答案】A

    【解析】根据《税务系统纪检机构监督执纪工作规范（试行）》规定，党纪处分决定自批准之日起生效。

13. 【答案】B

    【解析】党委民主生活会、党支部（党小组）专题组织生活会每年召开1次，遇到重要或者普遍性问题应当专门召开。

14. 【答案】C

    【解析】涉密会议不能使用微信发布涉密会议通知，会场不能使用无线话筒，禁止携带手机进入会场。会后应及时清点回收会议资料。

15. 【答案】B

    【解析】根据《中国共产党党员教育管理工作条例》第二十五条规定，具有审批预备党员权限的基层党委，可以在全国范围直接相互转移和接收党员组织关系。

二、多项选择题

1. 【答案】ABC

    【解析】2024年全国税务工作会议提到，旗帜鲜明讲政治，坚定不移建强政治机关、走好第一方阵。持续拓展主题教育成果，抓好成果转化运用，建立健全完善税务系统主题教育常态化长效化制度机制；持续深化政治机关意识教育和对党忠诚教育，促进税务系统政治机关建设一贯到底；持续提升党建工作质效，进一步优化"纵合横通强党建"工作机制，全面推进党支部标准化规范化建设，强化党建与业务深度融合。

2. 【答案】ABC

    【解析】国家税务总局党委书记、局长胡静林在《学习时报》发表《高质量推进中国式现代化税务实践》一文中指出，坚决当好党中央决策部署的执行者、行动派、实干家，这是打造效能税务的根本要求。

模拟测试（三）·参考答案及解析

3. 【答案】ABCD

   【解析】党史学习教育工作遵循以下原则：坚持党的全面领导；坚持围绕中心、服务大局；坚持以史鉴今、资政育人；坚持统筹谋划、开拓创新；坚持分类指导、精准施策；坚持唯物史观和正确党史观。

4. 【答案】ABD

   【解析】2024年全国税务工作会议强调，要自觉对标对表党的二十大精神和中央经济工作会议部署，深刻认识当前税务工作面临的形势任务，努力在服务党和国家事业发展大局中进一步牢牢把准税务部门职责定位，做党中央权威的忠诚捍卫者、做推动高质量发展的高效执行者、做纳税人缴费人的倾情服务者、做经济社会秩序的坚定维护者。

5. 【答案】ABC

   【解析】2024年全国税务工作会议强调，当前和今后一个时期，要紧紧聚焦"以习近平新时代中国特色社会主义思想为指引，高质量推进中国式现代化税务实践"这一工作主线，着力强化政治统领，着力强化依法治税，着力强化改革创新，着力强化管理增效，着力强化服务提质，着力强化风险防范，坚持一张蓝图绘到底，持续完善"抓好党务、干好税务、带好队伍"的工作体系，在以税收现代化服务中国式现代化的新征程中再建新功。

6. 【答案】ACD

   【解析】国有资产管理部门，按具体管理形式分为财务管理部门、资产实物管理部门和固定资产使用部门。

7. 【答案】ABC

   【解析】根据《关于创新完善体制机制 推动招标投标市场规范健康发展的意见》，完善评标定标机制，要改进评标方法和评标机制、优化中标人确定程序、加强评标专家全周期管理。

8. 【答案】ABD

   【解析】根据《党政机关公务用车管理办法》第二十条规定，实行公务用车保险、维修、加油政府集中采购和定点保险、定点维修、定点加油制度，健全公务用车油耗、运行费用单车核算和年度绩效评价制度。

9. 【答案】ABD

   【解析】税务系统初任培训的考核标准通常包括总局入职培训测试得分、省级税务局入职培训测试得分以及日常表现和遵规守纪情况得分。

10. 【答案】ABC

    【解析】根据《领导干部报告个人有关事项规定》规定，领导干部在报告个人有关事项时，应当如实、完整、及时地报告。对于无正当理由不按时报告，漏报、少报，隐瞒不报，查核发现有其他违规违纪问题的，根据情节轻重，给予批评教育、组织调整或组织处理、纪律处分。

11. 【答案】ABCD

    【解析】参见《中华人民共和国公职人员政务处分法》第十一条、第十二条。

12. 【答案】AC

    【解析】根据《关于新形势下党内政治生活的若干准则》相关要求，批评和自我批评必须坚持实事求是，讲党性不讲私情、讲真理不讲面子，坚持"团结—批评—团结"。党员、干部必须严于自我解剖，对发现的问题要深入剖析原因，认真整改。党内工作会议的报告、讲话以及各类工作总结，上级机关和领导干部检查指导工作，既要讲成绩和经验，又要讲问题和不足；既要注重解决问题，又要从问题中反思自身工作和领导责任。

13. 【答案】BCD

    【解析】根据《税务系统信访工作规定》第十五条规定，来访发生下列情形，由来访人员所在地的税务机关主要领导带队，及时到上级税务机关进行劝返：①5人以上的集体访；②来访人员提出的信访事项可能引发集体上访、群体性事件或者恶性突发事件的；③经上级税务机关多次催办仍未得到解决的；④到税务机关长期滞留、缠访、闹访的；⑤到税务机关上访时有过激言行的。

14. 【答案】BCD

    【解析】根据《中国共产党支部工作条例（试行）》第二十一条规定，党支部委员会由党支部党员大会选举产生，党支部书记、副书记一般由党支部委员会会议选举产生，不设委员会的党支部书记、副书记由党支部党员大会选举产生。选出的党支部委员，报上级党组织备案；党支部书记、副书记，报上级党组织批准。党支部书记、副书记、委员出现空缺，应当及时进行补选。确有必要时，上级党组织可以指派党支部书记或者副书记。

15. 【答案】ABDE

    【解析】参见《中国共产党党员教育管理工作条例》第三十二条至第三十四条。

三、判断题

1. 【答案】×

   【解析】执法执勤用车是指中央批准的执法执勤部门（系统）用于一线执法执勤公务的机动车辆。应急保障用车是指用于处理突发事件、抢险救灾或者其他紧急公务的机动车辆。

2. 【答案】√

   【解析】参见《党政机关国内公务接待管理规定》第十五条。

3. 【答案】√

【解析】参见《国务院办公厅关于创新完善体制机制 推动招标投标市场规范健康发展的意见》相关要求。

4. 【答案】×

【解析】中央财政拨款项目结转资金连续两年仍未使用完毕,按规定由财政部统筹收回。

5. 【答案】×

【解析】破格提拔的干部必须德才素质突出、群众公认度高,并且符合在关键时刻经受住考验、表现突出等特定条件之一。同时,破格提拔还必须从严掌握,不得突破基本条件和资格要求,也不得越两级提拔或在任职年限上连续破格。

6. 【答案】×

【解析】税务干部晋升处级副职以上领导职务时,任职培训集中脱产培训时间不得少于30天,但培训可以在任职前或任职后1年内进行,并非必须在任职前完成。

7. 【答案】×

【解析】根据《中央和国家机关培训费管理办法》第十四条规定,严禁使用培训费购置电脑、复印机、打印机、传真机等固定资产以及开支与培训无关的其他费用。

8. 【答案】×

【解析】《中国共产党廉洁自律准则》是中国共产党执政以来第一部面向全体党员的规范全党廉洁自律工作的重要基础性法规。

9. 【答案】×

【解析】根据《中国共产党纪律处分条例》第三十条规定,党员有嫖娼或者吸食、注射毒品等丧失党员条件,严重败坏党的形象行为的,应当给予开除党籍处分。

10. 【答案】×

【解析】介绍信具有介绍、证明双重作用。

四、简答题

1. 【答案】应从以下方面进行阐述:①建立节能联络员制度。②加强节能工作业务培训。③细化节能标准和管理要求。④创新节能工作载体。⑤开展绿色系列行动。⑥强化节水管理。⑦开展示范单位创建工作。⑧完善资源回收利用长效机制。⑨优先绿色采购。⑩提倡绿色办公。

2. 【答案】①国内公务接待规章制度制定情况;②国内公务接待标准执行情况;③国内公务接待经费管理使用情况;④国内公务接待信息公开情况;⑤机关内部接待场所管理使用情况。

另外,党政机关各部门应当定期汇总本部门国内公务接待情况,报同级党政机关公务接待管理部门、财政部门、纪检监察机关备案。

3. 【答案】情节较重的,给予警告或者严重警告处分;情节严重的,给予撤销党内职务处分。

4. 【答案】发现国家秘密已经泄露或者可能泄露时,应当立即采取补救措施,并在24小时内向同级保密行政管理部门和上级主管部门报告。机关、单位接到报告后,应当立即作出处理,并及时向保密行政管理部门报告。